DERNIER NOËL DE GUERRE

PAR

PRIMO LEVI

Traduit de l'italien
par Nathalie BAUER

Postface de Marco Belpoliti

1018

INÉDIT

« Domaine étranger »
dirigé par Jean-Claude Zylberstein

Du même auteur
aux Éditions 10/18

MAINTENANT OU JAMAIS, n° 2038
LA CLEF À MOLETTE, n° 2124
CONVERSATIONS ET ENTRETIENS, n° 3151
▶ DERNIER NOËL DE GUERRE, n° 3389

Titre original :
L'Ultimo Natale di guerra

ISBN 2-264-03419-X

SOMMAIRE

Note de l'éditeur

Avec la publication de ce *Dernier Noël de guerre*, la collection « Domaine étranger » présente les dernières nouvelles de Primo Levi encore inédites en traduction française.

Ces nouvelles ont d'abord paru, du vivant de l'auteur, dans diverses revues et publications précisées dans la note bibliographique que l'on trouvera à la suite. Elles ont ensuite été recueillies au sein des *Pagine Sparse* dans l'édition des œuvres complètes de Primo Levi établie par Marco Belpoliti pour les éditions Einaudi (Turin, 1997).

Les *Pages éparses* contenues dans les deux tomes de ces œuvres complètes comprennent, outre les fictions non réunies en volume précitées, tous les articles, essais et préfaces de Primo Levi restés eux aussi dispersés, jusque-là, dans diverses publications.

Attaché depuis plus de vingt ans à favoriser l'édition en France des œuvres de l'auteur de *Si c'est un homme*, j'ai pu souhaiter le faire pour l'ensemble de ces *Pages éparses*. Toutefois, si des œuvres complètes justifient le mélange des genres

— nouvelles et essais présentés dans un ordre chronologique —, la publication des *Pages éparses* en dehors de ce contexte justifiait qu'au contraire les nouvelles (*racconti*) soient présentées à part : les voici donc[1].

Les essais, articles et préfaces de Primo Levi encore inédits en français verront le jour dans la collection « Pavillons » des éditions Robert Laffont — après ses *Conversations et entretiens* et la réédition de *Si c'est un homme, Maintenant ou jamais* et *La Clé à molette* parus jadis, à mon initiative, aux éditions Julliard[2].

Je souhaite exprimer ici la satisfaction qui est la mienne d'avoir pu, une fois encore (et cette fois directement au format de poche !), contribuer à propager en France l'œuvre — si longtemps méconnue et pourtant si essentielle — d'un immense écrivain qui ne fut pas seulement un témoin capital, mais aussi, pour reprendre un mot de Saul Bellow, l'auteur d'une œuvre *nécessaire*.

Jean-Claude Zylberstein,
15 décembre 2001.

1. Les dates figurant à la fin de certaines nouvelles sont celles de leur rédaction.

2. Cf. en fin de volume le tableau chronologique de la publication des œuvres de Levi en France.

Note bibliographique

Tous les textes de ce volume ont été réunis d'abord dans les *Pagine Sparse* des œuvres complètes de Primo Levi procurées par Marco Belpoliti chez Einaudi en octobre 1997 (collection « Nuova Universale Einaudi, n° 225, 2 volumes de 1474 et 1604 pages), puis dans le volume *L'Ultimo Natale di guerra.*

Pour la présente édition, on a supprimé les textes précédemment parus dans les recueils *Lilith* et *Le Fabricant de miroirs* aux Éditions Liana Levi.

Les premières parutions ont été les suivantes :

Buffet (Cena in piedi), dans *La Stampa* du 22 janvier 1977.

En une nuit (In una notte), dans *Tutto Libri*, V, n°s 48-49, 22 décembre 1979.

État civil (Anagrafe), dans *La Stampa* du 22 juin 1981.

Les fans de spots de Delta Cep (Le fans di spot di Delta Cep), dans *L'Astronomia* n° 54, avril 1986.

Dernier Noël de guerre (L'ultimo natale di guerra), en édition hors commerce par les soins de Sergio Grandini à Lugano en 1984, puis dans *Triangolo Rosso*, nos 11-12, décembre 1986.

Fra Diavolo sur le Pô (Fra Diavolo sul Po), dans *La Stampa* du 14 décembre 1986.

Fin du gars de Marineo (Fine del Marinese), dans *Il Ponte*, août-septembre 1949.

La chair de l'ours (La carne dell'orso), dans *Il Mondo*, 29 août 1961.

Nez contre nez (Naso contro naso), dans *Airone*, janvier 1987.

En direct de nos intestins : l'Escherichia coli (In diretta dal nostro intestino : l'Escherichia coli), dans *Airone*, février 1987.

Le goéland de Chivasso (Il gabbiano di Chivasso), dans *Airone*, avril 1987.

La girafe du zoo (La giraffa dello zoo), dans *Airone*, avril 1987.

Amours sur toile (Amori sulla tela), dans *La Stampa* du 26 avril 1987, puis dans *Airone*, mai 1987 (sous le titre *L'Ultima storia naturale di Primo Levi*).

BUFFET

Innaminka se sentit mal à l'aise dès qu'il eut franchi la porte d'entrée, et il regretta aussitôt d'avoir accepté cette invitation. Une sorte de majordome, au ventre ceint d'une écharpe verte, débarrassait les hôtes de leur manteau, aussi Innaminka fut-il pris de frissons et de vertiges à l'idée qu'on pût lui ôter le sien, qui était incorporé à sa personne. Ce n'était pas tout : dans le dos du majordome s'élevait un grand escalier en spirale, d'un beau bois noir, brillant, large et majestueux, mais incommode. Incommode pour lui, bien entendu : les autres invités le gravissaient avec une extrême désinvolture, alors qu'il n'osait même pas s'y essayer et qu'il tournicotait d'un air gêné en attendant qu'on cesse de lui prêter attention. Il était habile sur les terrains plats, mais la longueur de ses pattes de derrière constituait pour lui un obstacle : à vue de nez, ses pieds étaient deux fois plus longs que les marches n'étaient profondes. Il patienta encore en reniflant les murs et en tentant d'adopter un air dégagé, et, quand tout le monde fut monté, il s'y évertua à son tour.

Il fit diverses tentatives, s'agrippant à la rampe des pattes de devant, ou se penchant et se mettant à quatre pattes, ou encore s'aidant de sa queue, mais c'était justement sa queue qui l'encombrait le plus. Il finit par monter maladroitement de côté, en posant les pieds dans le sens de la longueur sur les marches, la queue ignoblement repliée contre son dos. Il lui fallut dix bonnes minutes.

Il y avait à l'étage supérieur une grande salle étroite, avec une table placée en travers ; aux murs, des tableaux, qui représentaient pour certains des formes humaines ou animales, et pour d'autres rien du tout. Le long des murs, ou éparpillées sur le sol, des figures en bronze ou en marbre, qu'Innaminka trouva plaisantes et vaguement familières. La salle était déjà bondée, et pourtant des personnes continuaient d'arriver : les hommes étaient en habit de soirée, les femmes arboraient de longues robes noires, elles étaient couvertes de bijoux, avaient les paupières peintes en vert ou en bleu. Innaminka hésita une minute puis, rasant le mur et évitant d'effectuer des mouvements brusques, il alla se réfugier dans un coin. Les invités l'observaient avec une curiosité modérée. Il saisit au vol quelques commentaires distraits : « Il est joli, n'est-ce pas ? » ; « ... non, il n'en a pas, ma chère, ne vois-tu pas que c'est un mâle ? » ; « Ils ont dit à la télévision qu'ils avaient presque disparu... Non, pas à cause de leur fourrure, qui a, d'ailleurs, peu de valeur, mais parce qu'ils détruisent les récoltes. »

Au bout d'un moment, la jeune maîtresse de maison se détacha d'un groupe et avança vers lui. Elle était très mince, dotée de grands yeux gris écartés, d'une expression qui hésitait entre l'agacement et la stupeur, comme si on l'avait brusquement réveillée à cet instant précis. Elle lui dit qu'elle avait beaucoup entendu parler de lui, ce qu'Innaminka jugea peu crédible : c'était peut-être une formule de salutation qu'elle adressait à tous ceux qui entraient. Elle lui demanda s'il aimerait manger ou boire quelque chose : elle ne semblait pas très intelligente, mais elle était probablement d'un naturel gentil, et c'est justement sa gentillesse, plus que son intelligence, qui lui permit de se rendre compte qu'Innaminka la comprenait assez bien, mais qu'il ne pouvait pas lui répondre. Elle s'éloigna donc.

En réalité, Innaminka avait faim et soif : ces besoins n'étaient pas insupportables, mais ils suffisaient à le gêner ; or le dîner en question était un de ces buffets mélancoliques où il faut choisir de loin, entre épaules et têtes, ce qu'on désire, dénicher les assiettes, dénicher les couverts et les serviettes en papier, faire la queue, atteindre la table, se servir, puis s'écarter à reculons en veillant à ne tacher ni les autres invités ni sa propre personne. Tout cela mis à part, on ne voyait ni herbe ni foin sur la table : il y avait une salade assez appétissante et des petits pois mélangés à une sauce brune, mais tandis qu'Innaminka hésitait à rejoindre la queue, ces deux plats furent entièrement dévorés. Innaminka renonça : il tourna le dos à la table et, se déplaçant prudemment au milieu de la foule, essaya de regagner son coin. Il pensait avec une nostalgie affectueuse à sa femme et à son dernier-né, qui était grandelet désormais, sautait bien et allait paître tout seul, mais qui exigeait de temps à autre de réintégrer la poche de sa maman ; bref, c'était un enfant un peu gâté, qui aimait passer la nuit dans cette tiède obscurité.

Au cours de sa pénible retraite, il croisa plusieurs serveurs munis de plateaux, qui offraient des verres de vin et d'orangeade, des canapés à l'aspect invitant. Il ne songea même pas à prendre un verre dans la cohue, alors que tout le monde le bousculait ; il rassembla tout son courage, saisit un canapé et le porta à sa bouche, mais celui-ci s'émietta aussitôt entre ses doigts, et Innaminka dut les sucer l'un après l'autre, avant de lécher longuement ses lèvres et sa moustache. Il jeta un regard soupçonneux à la ronde, mais non, personne ne lui prêtait attention. Il se blottit dans son coin et, pour tromper l'attente, commença à examiner chaque invité en tentant d'imaginer comment ces hommes et ces femmes réagiraient si un chien les poursuivait. Impossible de se tromper : avec des jupes aussi longues et larges, les dames seraient incapables de s'arracher au sol ; et même avec un bon élan, le plus rapide des hommes ne pourrait sauter un tiers de la distance qu'il était lui-même en mesure de sauter, de l'arrêt. Mais on ne sait jamais, ces gens-là étaient peut-être doués dans d'autres domaines.

Il avait chaud et soif, et à un moment donné il constata avec effroi qu'un besoin toujours plus pressant grandissait en lui. Il pensa que cela arrivait sans doute aux autres et il balaya les invités du regard pendant quelques minutes pour juger de leur comportement, mais personne ne semblait rencontrer le même problème que lui. Alors il s'approcha tout doucement d'un gros pot d'où s'élevait un ficus puis, feignant de renifler les feuilles, il se plaça presque à califourchon au-dessus et se soulagea. Ces feuilles étaient fraîches et brillantes, elles avaient une bonne odeur : Innaminka en mangea deux et les trouva agréables, mais il dut s'arrêter car il avait remarqué qu'une dame le regardait fixement.

Elle le regardait fixement puis elle avança vers lui, et Innaminka comprit aussitôt qu'il était trop tard pour faire semblant de rien et s'éloigner. Elle était jeune, avait des épaules larges, des os massifs, des mains fortes, un visage pâle, des yeux clairs ; naturellement, Innaminka s'intéressait surtout à ses pieds, mais la jupe de cette dame était si longue, ses chaussures si compliquées, qu'il ne réussit à avoir une idée ni de leur forme ni de leur longueur. Un instant, il craignit que cette dame ne se fût aperçue de l'histoire du ficus et ne vînt le réprimander ou le punir, mais il vit rapidement que ce n'était pas le cas. Elle s'assit dans un petit fauteuil à côté de lui et se mit à lui parler avec douceur : Innaminka ne saisissait presque rien, mais il se rasséréna immédiatement, baissa les oreilles et adopta une position plus confortable. La dame s'approcha encore et commença à le caresser, d'abord sur le cou et sur le dos, puis, voyant qu'il fermait les yeux à demi, sous le menton et sur la poitrine, entre les pattes de devant, là où s'étale ce triangle de fourrure blanche dont les kangourous sont si fiers.

La dame parlait, elle n'arrêtait pas de parler à voix basse, comme si elle avait peur que les autres ne l'entendent. Innaminka devina qu'elle était malheureuse ; que quelqu'un avait mal agi envers elle ; que ce quelqu'un était, ou avait été, son homme ; que cet incident s'était déroulé un peu plus tôt, peut-être au cours de cette même soirée ; mais rien de plus précis. Comme il se sentait lui aussi malheureux, il éprouva de la sympathie à son égard, et, pour la première fois de la soirée, il cessa de souhaiter que la réception se termine vite ; il souhaitait plutôt que la dame n'interrompe pas ses caresses, en particulier que ses mains descendent plus bas, courent avec légèreté et adresse le long des muscles puissants de sa queue et de ses fémurs, dont il était encore plus fier que de son triangle blanc.

Cela ne se produisit pas. La dame le caressa encore, mais de plus en plus distraitement, sans prêter attention à ses frissons de plaisir et en continuant de déplorer certains inconvénients de la condition humaine qui, aux yeux d'Innaminka, semblaient se réduire à peu de chose, à un homme au lieu d'un autre homme qu'elle aurait préféré. Innaminka songeait que s'il en était ainsi, il aurait mieux valu que la dame caresse ce deuxième homme plutôt que lui ; que c'était peut-être ce qu'elle était en train de faire ; qu'elle devenait ennuyeuse car elle répétait toujours les mêmes caresses et les mêmes mots depuis un quart d'heure ; bref, il était clair qu'elle pensait à elle, et pas à lui.

Soudain, un homme surgit de la foule échauffée, il attrapa la femme par le poignet, l'arracha à son fauteuil et lui dit quelque chose de très désagréable et de très brutal. Puis il l'entraîna, et elle le suivit sans même adresser à Innaminka un regard d'au revoir.

Innaminka en avait vraiment assez. De son observatoire, il se souleva le plus possible, redressant son dos, se haussant sur ses pattes de derrière et sa queue comme sur un trépied pour voir si l'on commençait à s'en aller : il ne voulait pas attirer l'attention en partant le premier. Mais dès qu'il aperçut un couple, élégant et âgé, qui saluait à la ronde et se dirigeait vers le vestiaire, il s'élança.

Il parcourut les premiers mètres en se faufilant entre les jambes des invités, au-dessous du niveau des seins et des ventres ; il se déplaçait près du sol en s'appuyant alternativement sur ses pattes de derrière et celles de devant, aidées de sa queue. Mais quand il atteignit la table, qui était désormais vide et débarrassée, il constata que les portions du sol qui se trouvaient des deux côtés du meuble étaient vides, alors il sauta celui-ci tout net, sans effort, en sentant que ses poumons se remplissaient d'air et de joie. Un second bond le conduisit au sommet du grand escalier : il était pressé, il évalua mal la distance et atterrit tout déséquilibré sur les marches les plus hautes, aussi ne lui resta-t-il plus qu'à descendre comme un sac, en rampant et en roulant. Mais il se releva prestement dès qu'il toucha terre, au rez-de-chaussée : sous les yeux inexpressifs du concierge, il aspira avec volupté l’air humide et fuligineux de la nuit et s’élança dans la via Borgospesso sans plus se hâter, en effectuant de longs sauts élastiques et heureux.

EN UNE NUIT

Il faisait très froid et l'air était immobile. Le soleil s'était couché quelques minutes plus tôt, s'enfonçant obliquement derrière un horizon que l'atmosphère limpide semblait rapprocher, il avait laissé derrière lui un sillon lumineux jaune-vert qui s'étendait presque jusqu'au zénith. À l'est, en revanche, le ciel était opaque, violacé, assombri par de gros cumulus couleur de plomb qui avaient l'allure de ballons mal gonflés reposant sur le sol gelé. L'air était sec, il sentait la glace.

On ne voyait pas de traces humaines sur le haut plateau, à l'exception des rails, qui s'étendaient tout droit à perte de vue et paraissaient converger vers l'endroit où le soleil venait de s'évanouir ; du côté opposé, ils se perdaient dans les dernières extensions de la forêt. Le terrain était légèrement ondulé, parsemé de chêneaux et de hêtres, que le vent dominant avait inclinés vers le sud, fléchissant certains d'entre eux jusqu'au sol, mais la journée était tout à fait calme. Des roches calcaires affleuraient, travaillées par la pluie et incrustées de coquillages fossiles : rugueuses et blanches, elles évoquaient les os d'animaux enterrés. Des tiges carbonisées par un incendie récent surgissaient des fissures ; il n'y avait pas d'herbe, seulement les taches jaunes et roussâtres des lichens collés à la pierre.

On perçut le vacarme avant que le train ne soit visible : dans le silence de la plaine, le son se propulsait à travers la roche et la glace comme un grondement souterrain. Le train était rapide, et l'on comprit bientôt qu'il était seulement composé de trois wagons de marchandises, en plus de la motrice. Lorsqu'il se rapprocha, on entendit le ronflement aigu des moteurs Diesel emballés, ainsi que le sifflement de l'air lacéré par la fureur de la course. Le train dépassa en un éclair le point d'observation, raison pour laquelle le ronflement et le sifflement baissèrent d'un ton, et il s'élança parmi les bouleaux et les hêtres rares à l'orée du bois. Ici, les voies étaient recouvertes d'une épaisse couche de feuilles mortes, fragiles et brunes : l'onde d'air brassé les assaillit avant que le train ne les touche, et elle les souleva en un nuage désordonné plus haut que les arbres les plus hauts, agité par des tourbillons comme un essaim d'abeilles, qui accompagnait le train dans sa course et le rendait visible de loin. Les feuilles étaient légères mais leur masse était importante : malgré son élan, le train fut obligé de ralentir.

Un tas de feuilles informe s'accumulait devant la motrice, qui le fendait en deux comme une proue ; une partie de ces feuilles était broyée entre rails et roues, accroissant l'effort de la motrice, dont la rapidité diminua encore. Au même moment, le frottement du convoi et des feuilles — celles qui s'étaient entassées et celles qui voltigeaient autour — électrisa l'air, le train et les feuilles elles-mêmes. De longues étincelles violettes jaillissaient entre le train et le sol, traçant sur le fond sombre de la forêt un enchevêtrement changeant de lignes brisées lumineuses. L'air se remplit d'ozone et d'une odeur âcre de papier brûlé.

L'amas de feuilles devant la motrice ne cessait d'augmenter et l'adhérence des roues sur les voies de faiblir, aussi le train s'arrêta-t-il, alors que les moteurs continuaient de marcher à plein régime. Tournant à vide, les roues motrices rougirent et le tronçon de voie qui se trouvait sous chacune d'elles se fit, lui aussi, vaguement lumineux ; ces points incandescents engendrèrent des ondes de feu, qui s'étendirent en cercle aux dépens des feuilles gisant sur les rails, mais s'éteignirent au bout de quelques mètres. On entendit un déclic, les moteurs s'arrêtèrent, et le silence s'abattit à nouveau sur la plaine. Le visage du machiniste, large et pâle, apparut à la fenêtre de la motrice : il était immobile et regardait fixement dans le vide. Toutes les feuilles étaient retombées. Il ne se passa rien pendant un long moment, mais on entendait le léger crissement des feuilles accumulées devant la motrice qui se mettaient en place en reprenant leur forme de repos : en effet, le tas se gonflait lentement, comme une pâte qui lève.

Intriguées par le train, des corneilles s'étaient posées, elles becquetaient par dépit les rochers et les feuilles en croassant en sourdine. Elles se turent juste avant que la nuit tombe, puis elles s'envolèrent toutes ; quelque chose les avait sans doute effrayées. En effet, un bruissement rythmique, faible mais ample, s'échappait d'entre les arbres : de petites gens circonspects sortaient du bois. C'étaient des hommes et des femmes menus, frêles, qui portaient des vêtements sombres et de grossières bottes en feutre. Ils s'approchèrent du train en hésitant et en se consultant à voix basse. Ils ne semblaient pas avoir de chef ; toutefois, la détermination l'emporta rapidement sur le doute. Ils se pressèrent tous contre les wagons, et le bruissement de leur poids fut suivi par un frémissement métallique semblable à celui des fourmilières dérangées. Les petits s'affairaient autour du train ; ils devaient avoir caché des outils sous leurs vestes matelassées, car le murmure indistinct était ponctué de craquements secs et de grincements de scie.

Vers l'aube, la tôle et le bois dont les wagons étaient construits avaient été démontés bout par bout et empilés le long des voies. Mais de petits groupes, de toute évidence insatisfaits, s'acharnaient encore avec de minuscules scies, des cisailles et des marteaux : ils démontaient, débitaient et démolissaient, comme si tout ordre et toute structure s'opposaient à un modèle qui leur était propre. Un tas de débris de bois avait été allumé, et les démolisseurs s'en approchaient à tour de rôle pour se réchauffer les mains. Pendant ce temps, d'autres peinaient sur les poutres et les profilés du châssis ; un seul d'entre eux n'en serait pas venu à bout en l'espace d'un an, mais ils étaient nombreux et décidés, se multipliaient d'heure en heure. Ils travaillaient avec application et sans mot dire, leur ouvrage progressait rapidement : quand l'un d'eux ne réussissait pas à détruire un morceau, un autre, plus habile ou plus fort, l'écartait et le remplaçait. Il arrivait fréquemment que deux individus se disputent en tirant sur les deux extrémités du même fragment. Lorsque les châssis furent détruits, ils s'attaquèrent aux chariots, aux arbres et aux disques des roues ; la manière dont ils procédaient avec des instruments aussi primitifs était stupéfiante : ils n'abandonnaient un morceau qu'une fois celui-ci fléchi, brisé, scié en deux parties inégales, ébréché ou, quoi qu'il en soit, rendu inutilisable.

Démolir la motrice s'avéra plus difficile. Ils y travaillèrent pendant plusieurs heures, se relayant sans règle apparente. Pour se reposer peut-être, nombre d'entre eux s'étaient entassés dans la cabine des commandes, où subsistait encore un peu de la chaleur issue des moteurs, mais d'autres les entraînèrent dehors pour poursuivre leur tâche. Il se forma rapidement une chaîne, qui commençait à l'intérieur de la motrice et près des tas de fragments déjà ôtés, et se terminait dans le bois : les segments méconnaissables de la carrosserie, du châssis, des moteurs et de l'installation électrique passèrent de main en main dans la lumière hésitante de l'aube ; tout comme le corps inerte du machiniste. Après avoir démonté et morcelé la motrice, ainsi que ses appareils délicats, les petits s'attaquèrent aux rails, qu'ils démantelèrent sur une centaine de mètres dans les deux directions, tandis que d'autres arrachaient à grand-peine les traverses du sol gelé et les brisaient à la hache.

Quand le soleil se leva, il ne restait plus rien du train, mais la foule ne se dispersa pas : les plus vigoureux attaquèrent, avec ces mêmes haches, la base des bouleaux les plus proches, qu'ils abattirent et dépouillèrent de leurs branches ; d'autres, deux par deux ou en groupes opposés, s'affrontèrent en s'assenant des coups délibérés. On en vit se blesser eux-mêmes aveuglément.

ÉTAT CIVIL

Il y avait quatre ascenseurs, mais l'un d'eux était en panne, comme d'habitude. Ce n'était pas toujours le même, et le panneau accroché à la poignée ne l'était pas non plus : celui-ci, par exemple, disait « en panne », d'autres « ne marche pas », « détraqué », ou « ne pas toucher », ou carrément « je reviens tout de suite ». Le concierge, ou le préposé à l'entretien, les alternait peut-être en vertu d'un caprice vaguement ironique. Il y avait la queue devant les trois autres portes, et cela se produisait aussi tous les jours, à l'heure de l'entrée ou de la sortie. Si son bureau ne s'était pas trouvé au neuvième étage, Arrigo serait monté à pied ; il le faisait parfois, pour entretenir sa forme, mais ce matin-là il se sentait légèrement fatigué.

La cabine finit par arriver, elle était déjà pleine d'employés qui provenaient du premier et du second sous-sol. Arrigo se fraya un passage avec énergie, sans gestes impolis toutefois, et la cabine repartit ; elle s'arrêtait à tous les étages dans une grosse secousse, les gens entraient et sortaient en se saluant distraitement. Au neuvième étage, Arrigo sortit et poinçonna sa petite carte : deux ans plus tôt, on avait installé une pendule à chaque étage, ce qui avait constitué une sage innovation ; auparavant, il n'y en avait qu'une seule, au rez-de-chaussée, ce qui provoquait un terrible embouteillage, notamment parce que les gens manquaient de discipline et tentaient, pour la plupart, de dépasser les autres. Dans le bureau d'Arrigo, presque toutes les tables étaient déjà occupées. Il s'assit à sa place, tira du premier tiroir la photo en couleurs de sa femme et de sa fille, et du deuxième les fournitures et les fiches de la veille demeurées en souffrance. Ce geste était dicté par une idée fixe du chef de bureau : à la fin de la journée, toutes les tables devaient être débarrassées. On se demandait pourquoi, d'ailleurs. Certainement pas pour le ménage, puisqu'on ne nettoyait que deux ou trois fois par an : si vous ne voulez pas de poussière sur votre table, ôtez-la vous-même.

Le travail d'Arrigo était de type administratif. Chaque jour, un petit paquet de fiches lui parvenait de l'étage supérieur ; chaque fiche portait le nom d'un être humain et la date de sa mort ; Arrigo avait seulement à en préciser la manière. Il lui arrivait souvent de s'emporter pour diverses raisons. L'échéance n'était pas toujours la même : elle était prévue à un intervalle de plusieurs années, mois ou jours, sans aucune règle apparente, ce qui représentait pour lui une injustice. Il ne lui semblait pas raisonnable, non plus, qu'il n'existât aucune règle en fonction de l'âge : certains jours, on lui remettait des centaines de fiches de nouveau-nés. Et le chef de bureau se plaignait quand Arrigo se limitait à des formulations générales : il était certainement sadique ou fanatique des faits divers. Il ne se contentait pas de l'inscription « accident », il voulait tous les détails et n'était jamais satisfait. Il exigeait aussi qu'il y eût toujours un rapport entre les dates des fiches et les modalités, ce qui plongeait souvent Arrigo dans l'embarras.

La première fiche de la journée ne lui causa aucun problème. Elle portait le nom de Yen Ch'ing-Hsu, âgé de cinquante-huit ans, célibataire, né à Han Tou où il résidait, docker, aucune maladie importante. Arrigo ignorait totalement où se trouvait Han Tou : on serait dans de beaux draps si l'on était obligé de consulter l'atlas à chaque fois ! Yen avait encore trente-six jours à vivre, et Arrigo l'imagina sur un fond de coucher de soleil exotique, assis sur un rouleau de câble, face à une mer trouble couleur peau de banane, épuisé par son labeur quotidien, seul et triste. Un tel homme ne craint pas la mort et ne la cherche pas non plus, mais il peut commettre une imprudence. Arrigo réfléchit quelques instants, puis il le fit tomber d'un échafaudage : ses souffrances seraient brèves.

Pedro Gonzáles de Eslava ne le mit pas non plus dans l'embarras. En dépit de son nom sonore, ce devait être un pauvre diable, il buvait, avait été impliqué dans plusieurs rixes entre immigrés clandestins, il était âgé de quarante-six ans et avait travaillé dans une demi-douzaine de fermes du Sud profond. Il lui restait cinq mois à vivre, il laissait quatre enfants, qui, toutefois, ne vivaient pas avec lui, mais avec leur mère : la femme de Pedro était également portoricaine, elle était jeune et travaillait, elle aussi. Arrigo feuilleta l'*Encyclopédie de la Médecine* et s'en tira avec une hépatite.

Il examinait la troisième fiche quand Fernanda lui téléphona. Elle avait vu dans le journal qu'on donnait *Metropolis* dans un certain ciné-club ; pourquoi ne pas aller le voir ce soir ? Arrigo, qui n'aimait pas être interrompu sur son lieu de travail, demeura dans le vague. La troisième fiche se révélait évidente : tout le monde sait ce qu'il arrive aux motards. Personne n'obligeait cet homme-là à exercer ce métier, il n'avait qu'à en choisir un autre : dans de pareils cas, il était inutile d'avoir des scrupules. Mais Arrigo se crut obligé de préciser les phases de l'accident mortel et le curriculum hospitalier.

Pierre-Jean La Motte ne lui parut pas sympathique. Il était né à Lyon, mais, à l'âge de trente-deux ans, il était déjà professeur titulaire de sciences politiques à l'université de Rio : un pistonné, à l'évidence. Il avait seulement vingt jours à vivre, quoiqu'il se portât très bien et jouât au tennis tous les matins. Arrigo se creusait la cervelle pour lui trouver une mort sensée quand Lorusso l'invita à boire un café. Arrigo descendit avec lui au quatrième étage, où étaient installés les distributeurs automatiques. Lorusso était ennuyeux, il avait un fils qui n'était pas doué en mathématiques et Arrigo pensa qu'avec un tel père il eût été étrange que le garçon fût un aigle.

Puis Lorusso commença à se plaindre de sa femme, qui dépensait trop, et du chauffage qui ne marchait pas.

Le distributeur ne marchait pas bien, lui non plus. Lorusso lui assena quelques tapes et parvint à obtenir deux tasses d'un café pâle et insipide, mais bouillant. Tandis qu'Arrigo s'efforçait de l'avaler en se brûlant la gorge, Lorusso continuait de parler de son salaire, qui arrivait toujours en retard, et des retenues, qui étaient excessives. Arrigo regagna enfin sa table de travail et écrasa Pierre-Jean comme un ver de terre : hémorragie cérébrale, ça lui apprendrait.

Vers dix heures, Arrigo avait comblé son retard, mais le portier avait déjà posé sur sa table le paquet des fiches de la journée. La première était toute chiffonnée, sans doute par la machine dateuse ; on comprenait seulement qu'elle concernait une personne de sexe féminin dont le prénom était Adelia. Arrigo la mit de côté, tant mieux pour Adelia, il convient toujours de gagner du temps. Quoi qu'il en fût, il se proposait d'écrire une communication de service : il arrive de plus en plus fréquemment que la première fiche de chaque paquet soit abîmée, c'est un incident regrettable, le service de manutention est prié de faire le nécessaire, salutations distinguées. En revanche, il s'attarda sur la fiche suivante. Karen Kvarna, âgée de huit ans, née à Slidre, un village de montagne au cœur de la Norvège. Karen, fille unique, pas de maladie connue, écolière, devait mourir le lendemain. Arrigo se figea. Il l'imagina blonde comme le chanvre, gentille, gaie, sereine, sur fond de montagnes solennelles et pures : si elle devait mourir, elle mourrait sans lui, il ne participerait pas à sa mort. Il s'empara de la fiche et frappa à la porte du chef de bureau : il l'entendit grommeler « entrez », puis il pénétra dans la pièce et déclara que c'était indécent. Que ce travail était très mal organisé, que l'achat de l'appareil à randomiser avait été une idée idiote, que les fiches étaient bourrées d'erreurs, comme celle-ci justement. Qu'ils étaient tous des moutons et des carriéristes et que personne n'osait protester ni ne prenait ce travail au sérieux. Qu'il en avait assez, qu'il se fichait pas mal de l'avancement et qu'il demandait sa mutation.

À l'évidence, le chef de bureau s'attendait depuis un bon moment à une telle scène de la part d'Arrigo, car il ne manifesta ni étonnement ni indignation. Peut-être était-il même heureux de se débarrasser d'un programmateur au caractère aussi instable. Il dit à Arrigo de repasser le lendemain : le lendemain, il lui remit son ordre de mutation et lui fit signer deux ou trois justificatifs. Arrigo fut ainsi rétrogradé du septième au sixième niveau, et muté dans un petit bureau au dernier étage de l'immeuble, où l'on déterminait la forme du nez des enfants à naître.

LES FANS DE SPOTS DE DELTA CEP

Cher Piero Bianucci,

Vous serez sans doute étonné de recevoir une lettre d'une de vos admiratrices dans un délai aussi bref et de si loin. Nous connaissons vos drôles de lubies sur la vitesse de la lumière ; chez nous, il suffit de payer un modeste supplément exceptionnel à la redevance de la télévision pour recevoir et transmettre des messages intergalactiques en temps réel, ou presque. En ce qui me concerne, je suis fanatique de vos émissions télévisées, en particulier de la publicité pour les conserves de tomate. Je voulais vous dire que j'ai été enthousiasmée par votre reportage de mardi dernier, dans lequel vous parliez des Céphéides. Ou plutôt, j'ai été heureuse d'apprendre que vous nous appelez ainsi, car notre soleil est justement une céphéide ; j'entends dire par là que c'est une étoile beaucoup plus grande que la vôtre, et qu'elle pulse régulièrement selon une période de cinq jours et neuf heures terrestres. C'est justement la céphéide de Céphée, quelle coïncidence ! Mais avant de poursuivre en décrivant notre *way of life*, je tenais à vous dire que votre barbe a beaucoup plu à mes amies et à moi-même : chez nous, les hommes n'ont pas de barbe, ils n'ont même pas de tête ; ils mesurent dix ou douze centimètres, ressemblent à vos asperges, et, quand nous désirons être fécondées, nous nous les mettons sous une aisselle pendant deux ou trois minutes, comme vous le faites avec les thermomètres pour prendre votre température. Nous possédons dix aisselles : nous avons toutes une symétrie décimaire, raison pour laquelle notre côté est le nombre d'or de notre rayon, chose unique tout au moins dans notre galaxie, et dont nous sommes fières. Les mâles coûtent de 20 à 50 000 lires selon leur âge et leur état de conservation, ils ne nous donnent pas beaucoup de soucis.

À propos, ne vous leurrez pas, nous avons une température variable, d'environ – 20 °C l'hiver et 110 °C l'été, mais cela ne nous empêchera pas d'être amis. J'ai su que vous étiez astrophile et cela m'a... [*indéchiffrable*], car mes amies et moi passons, nous aussi, de nombreuses soirées dans l'hémisphère postérieur à contempler le ciel étoilé ; nous nous sommes même amusées à localiser votre soleil, qui, vu d'ici, a une magnitude 7 un peu faible et se situe dans une constellation que nous nommons Jadikus (c'est un ustensile de cuisine). À l'exception de celles qui aiment la solitude, nous vivons presque toutes dans l'hémisphère antérieur, car il y a là plus de lumière et plus de paysage. Au reste, notre planète n'est pas grande : pour changer d'hémisphère, il nous suffit d'effectuer un petit voyage de trois ou quatre kilomètres à pied, ou à la nage lorsque les fleuves ne sont ni gelés ni secs.

Nous sommes également éloignées de notre soleil, et il est donc rare que nos roches fondent, le soufre mis à part. En parlant d'été et d'hiver, je faisais allusion à la pulsation de notre soleil. Vous autres auriez des difficultés à vous y habituer : il existe un service d'ordre pour les distraites et les retardataires ; les sirènes retentissent dans toutes les villes et tous les villages, et nous avons une demi-heure pour nous cacher sous terre en emportant nos mâles. On dit que c'est un véritable spectacle, mais seules les filles du service d'ordre, justement, peuvent y assister au moyen de périscopes, depuis leurs observatoires adiabatiques : il paraît que le soleil grossit à vue d'œil et que la mer commence à bouillir en l'espace de quelques minutes. C'est une mer d'eau et d'anhydride sulfureux, qui contient des sels de fer, d'aluminium, de titane et de manganèse dissous ; nous avons, nous aussi, une carapace d'oxyde de fer et de manganèse, que nous changeons lorsqu'elle devient trop étroite. Nous ne nous baignons jamais dans la mer : nous sommes basiques, et l'eau, acide, nous dissoudrait ; cela arrive parfois à celles qui sont lasses de la vie et qui s'y jettent exprès. C'est une mer peu profonde, elle s'évapore en quelques heures quand le soleil enfle, se transforme en une étendue de sel gris et brun fort laide, toute l'eau s'en allant embuer le soleil, dans le ciel.

L'été dure deux de vos jours ; nous le passons en dormant et en pondant nos œufs. Notre température optimale est d'environ 46 °C, ainsi, si vous et moi nous rencontrions à la bonne saison, nous aurions même la possibilité de nous toucher ; j'en serais ravie, mais il est peu probable que cela advienne car... [*indéchiffrable*] n'y sont pas encore. Puis la chaleur s'atténue progressivement, il pleut à verse une eau chaude puis tiède, et l'herbe repousse. Durant cette saison, nous allons toutes aux pâturages et nous échangeons des nouvelles. L'automne dernier, une de mes amies m'a dit qu'elle avait vu une supernova ; cela ne s'était pas produit depuis longtemps, et elle m'a demandé avec insistance de vous le rapporter. De votre point de vue, elle devrait se trouver du côté du Scorpion ; si vous payiez le supplément tachyonnique exceptionnel, vous pourriez la voir dans dix jours, sinon il vous faudra attendre 3 485 ans.

À la fin de l'automne, tout gèle : la mer et tous ses sels, l'herbe, qui est piégée par la pluie et la rosée, ainsi que tous ceux qui vivent en plein air. L'hiver est agréable : nos cavernes sont bien chauffées, nous mangeons des conserves, nous nous faisons féconder trois ou quatre fois par divers mâles pour nous différencier un peu, mais également parce que c'est à la mode, jouons de la musique avec nos appareils stridulatoires, regardons toutes les chaînes de télévision de l'univers et organisons des prix littéraires. J'en ai remporté un il y a trois ans pour un récit très sexy. Celui-ci parlait d'une fille qui s'était acheté un mâle avec son premier salaire ; s'étant ensuite attachée à lui, elle refusait de l'échanger et de l'envoyer au pilon. Je l'ai rédigé en 2 secondes 36 centièmes.

Nous sommes plutôt rapides dans tous les domaines.

Votre télévision est l'une des plus suivies, du fait des conserves justement qui nous intéressent beaucoup. Si vous parvenez à expédier votre supplément exceptionnel, et donc à me répondre dans des délais raisonnables, je vous prie de me transmettre la formule de vos principaux : *a)* antifermentatifs ; *b)* antiparasitaires ; *c)* anticonceptionnels ; *d)* antiesthétiques ; *e)* antisémites ; *f)* antipyrétiques ; *g)* antiquaires ; *h)* antihelminthiques ; *i)* antiennes ; *j)* antithèses ; *k)* antilopes.

En effet, nous autres de la huitième planète de Delta Cephei, nous sommes également soumises à de nombreuses embûches et menaces, dont nous devons nous préserver. On a beaucoup discuté des articles *c)* et *h)* dans ma tanière au cours de l'hiver dernier, car vos spots publicitaires correspondants n'étaient pas clairs ; quoi qu'il en soit, mes amies et moi aimerions les faire produire par l'industrie chimique locale et les essayer, car nous avons eu l'impression qu'ils pourraient soulager certains de nos maux.

Veuillez recevoir les cordiales salutations de votre... [*signature illisible*] et de ses amies.

Delta Cep./8, d.3° a.3,576.10^{11}.

(Traduction de Primo Levi)[1]

1. Mention figurant dans l'édition originale. *(N.d.É.)*

DERNIER NOËL DE GUERRE

Notre Lager, Monowitz[1] près d'Auschwitz, était à divers points de vue anormal. La barrière qui nous séparait du monde, et qu'une double enceinte de barbelés symbolisait, n'était pas aussi hermétique qu'ailleurs. Notre travail voulait que nous fussions, chaque jour, en contact avec des gens « libres », ou en tout cas moins esclaves que nous : techniciens, ingénieurs et chefs d'équipe allemands, ouvriers russes et polonais, prisonniers de guerre anglais, américains, français, italiens. Officiellement, il était interdit de parler aux parias du KZ (Konzentrations-Zentrum) que nous étions, mais cette interdiction était continuellement éludée et, au reste, les nouvelles du monde libre nous parvenaient par mille voies. On trouvait dans les poubelles de l'usine[2] des quotidiens, datant parfois de deux ou trois jours et détrempés par la

1. Monowitz ou Auschwitz III, à sept kilomètres d'Auschwitz. *(N.d.T.)*

2. L'usine IG Farben, construite pour produire du caoutchouc synthétique (ce qu'elle ne fit jamais). *(N.d.T.)*

pluie, où nous lisions en tremblant les bulletins allemands : mutilés, censurés, euphémiques et toutefois éloquents. Les prisonniers de guerre alliés écoutaient secrètement Radio Londres et nous en rapportaient encore plus secrètement les nouvelles, qui étaient exaltantes : en décembre 1944, les Russes avaient pénétré en Hongrie et en Pologne, les Anglais étaient en Romagne, les Américains durement engagés dans les Ardennes, mais vainqueurs dans le Pacifique contre le Japon.

D'ailleurs, pour savoir comment se déroulait la guerre, il n'était point besoin de nouvelles lointaines. La nuit, quand tous les bruits du camp s'étaient tus, on entendait l'artillerie gronder de plus en plus près : désormais, moins d'une centaine de kilomètres seulement nous séparait du front, et la rumeur circulait que l'Armée rouge était déjà dans les Beskides. L'immense usine où nous travaillions avait subi plusieurs bombardements aériens d'une précision scientifique et perfide : une bombe, une seule, sur la centrale thermique de façon à la mettre hors d'état de marche pendant deux semaines; dès que les dommages étaient réparés et que la cheminée recommençait à fumer, une autre bombe, et ainsi de suite. Il était clair que les Russes, ou les Alliés en accord avec les Russes, entendaient entraver la production, mais non détruire les installations. Ils comptaient les récupérer intactes à la fin de la guerre, ce qu'ils firent, en effet : aujourd'hui, c'est la plus grande usine de caoutchouc synthétique de Pologne. La défense antiaérienne active était inexistante, on ne voyait pas d'avions de chasse, il y avait bien des batteries sur les toits, toutefois elles ne tiraient pas : peut-être n'avaient-elles plus de munitions.

Bref, l'Allemagne était moribonde, mais les Allemands semblaient ne pas s'en apercevoir. Après l'attentat contre Hitler en juillet, le pays vivait dans la terreur ; il suffisait d'une dénonciation, d'une absence sur son lieu de travail, d'un mot imprudent, pour échouer dans les mains de la Gestapo en tant que défaitistes, raison pour laquelle les militaires et les civils s'appliquaient comme toujours à leurs devoirs, poussés par la peur et par leur sens inné de la discipline. Il y avait une Allemagne fanatique et suicidaire qui terrorisait une Allemagne découragée et intimement vaincue.

Un peu plus tôt, vers la fin octobre, nous avions eu l'occasion d'observer « au premier plan » une singulière école de fanatisme, exemple typique de l'éducation nationale-socialiste. Sur un terrain inculte, voisin de notre Lager, avait été érigé un cantonnement de la Jeunesse hitlérienne. Il y avait là deux cents adolescents, qui étaient encore des enfants, ou presque ; le matin, ils hissaient les couleurs, chantaient des hymnes féroces, s'entraînaient à la marche et au tir, armés de mousquetons vétustes. Plus tard, nous comprîmes qu'on les préparait à l'enrôlement dans le Volkssturm, cette armée de bric et de broc, composée de vieillards et d'enfants qui, selon les plans démentiels du Führer, était censée opposer une ultime défense contre l'avancée des Russes. Mais l'après-midi, leurs instructeurs, des vétérans des SS, les conduisaient parmi nous, qui étions occupés à déblayer les décombres provoqués par les bombardements, ou à ériger hâtivement d'inutiles murets de protection au moyen de briques ou de sacs de sable.

Ils les conduisaient parmi nous en « visite guidée » et leur donnaient des cours à voix haute comme si nous n'avions pas d'oreilles pour entendre ni d'esprit pour comprendre. « Voyez, ce sont les ennemis du Reich, vos ennemis. Regardez-les bien : pouvez-vous les qualifier d'hommes ? Ce sont des *Untermenschen,* des sous-hommes ! Ils puent parce qu'ils ne se lavent pas ; ils sont dépenaillés parce qu'ils ne prennent pas soin de leur personne. Nombre d'entre eux ne comprennent pas l'allemand. Ce sont des subversifs, des bandits, des voleurs de rue issus des quatre coins d'Europe, mais nous les avons rendus inoffensifs ; maintenant, ils travaillent pour nous, mais ils ne sont bons qu'aux travaux les plus primitifs. Du reste, il est juste qu'ils triment pour réparer les dommages de la guerre : ce sont eux qui l'ont voulue. Eux : les Juifs, les communistes et les agents des ploutocraties. » Les soldats-enfants écoutaient d'un air dévot et déconcerté. Vus de près, ils suscitaient à la fois la pitié et l'horreur. Ils étaient décharnés et effrayés, pourtant ils nous regardaient avec une haine intense : nous étions donc les coupables de tous les maux, des villes en ruine, de la famine, de leurs pères morts sur le front russe. Le Führer était sévère mais juste ; il était juste de le servir.

À l'époque, je travaillais en qualité de « spécialiste » dans un laboratoire chimique, à l'intérieur de l'usine : ce sont des choses que j'ai déjà racontées ailleurs, mais, étrangement, ces souvenirs ne pâlissent ni ne s'espacent au fil des ans, ils s'enrichissent au contraire de détails que je croyais oubliés et qui acquièrent parfois une signification à la lumière des souvenirs d'autrui, des lettres que je reçois ou des livres que je lis. Il neigeait et il faisait très froid, travailler dans ce laboratoire n'était pas facile. Il arrivait que le chauffage ne marche pas, aussi, la nuit, les flacons des réactifs et la grosse bouteille d'eau distillée éclataient-ils sous l'effet du gel.

Nous manquions souvent de matières premières ou de réactifs indispensables pour les analyses : il fallait alors se débrouiller avec des ersatz ou les produire sur place. En l'absence d'acétate d'éthyle, dont nous avions besoin pour un dosage colorimétrique, le chef du laboratoire m'ordonna d'en préparer un litre et me fournit l'acide acétique et l'alcool éthylique nécessaires. Le procédé est simple, et je le connaissais presque par cœur : je l'avais exécuté à Turin, au cours de préparations organiques, en 1941. Trois ans plus tôt : pour moi, trois mille ans. Tout se passa bien jusqu'à la distillation finale ; à ce moment-là, l'eau cessa brusquement de couler des robinets.

L'affaire risquait de se terminer par un petit désastre, car j'utilisais un condensateur en verre : si l'eau revenait, le tube du condensateur, réchauffé à l'intérieur par les vapeurs du produit, se briserait certainement au contact de l'eau glaciale. Je fermai le robinet, trouvai un seau, le remplis d'eau distillée et y plongeai la petite pompe d'un thermostat Höppler : la pompe poussait l'eau dans le condensateur, et l'eau chaude qui en sortait retombait dans le seau. Tout marcha à souhait pendant quelques minutes, puis je m'aperçus que l'acétate d'éthyle ne se condensait plus : il s'échappait du tube presque entièrement à l'état de vapeur. En effet, l'eau distillée (il n'y en avait pas d'autre) dont je disposais n'était pas suffisante et elle s'était désormais trop réchauffée. Comment y remédier ? Il y avait beaucoup de neige sur le rebord des fenêtres, je fis donc des boules que je déposai l'une après l'autre dans le seau. Tandis que je m'affairais autour de mes boules de neige grise, M. Pannwitz, le chimiste allemand qui m'avait soumis à un singulier « examen d'État » pour évaluer le niveau de mes connaissances professionnelles, entra dans le laboratoire. C'était un nazi fanatique. Il regarda avec suspicion mon installation de fortune et l'eau trouble qui risquait d'abîmer la si précieuse pompe, mais il repartit sans rien dire.

Quelques jours plus tard, vers la mi-décembre, l'évier d'une des hottes d'aspiration s'obstrua. Le chef m'ordonna de le déboucher : il lui paraissait naturel que ce sale travail m'incombât, à moi et non à la technicienne de laboratoire, une jeune femme du nom de Frau Mayer ; au fond, cela me semblait également naturel. J'étais la seule personne en mesure de m'allonger tranquillement sur le sol sans craindre de me salir : ma tenue à rayures était déjà si crasseuse... J'étais en train de me relever, après avoir réactivé le siphon, quand je vis Frau Mayer à côté de moi. Elle me parla tout bas avec un air coupable ; parmi les huit ou dix jeunes Allemandes, Polonaises et Ukrainiennes qui travaillaient au laboratoire, elle était la seule à ne pas manifester de mépris à mon égard. Puisque j'avais les mains sales, pouvais-je lui réparer sa bicyclette, qui avait un pneu crevé ? Évidemment, elle me récompenserait.

Cette requête apparemment neutre renfermait un grand nombre d'implications sociologiques. Elle m'avait dit « s'il vous plaît », ce qui comportait une infraction au code renversé qui régissait les rapports des Allemands avec nous ; elle m'avait adressé la parole pour des raisons qui n'étaient pas étroitement liées au travail ; elle avait stipulé avec moi une sorte de contrat, alors qu'un contrat s'établit entre égaux ; elle avait exprimé, ou tout au moins sous-entendu, de la reconnaissance envers moi, qui avais accompli la corvée de l'évier à sa place. Mais elle m'invitait à commettre une infraction, ce qui risquait d'être très dangereux pour moi : je me trouvais là en qualité de chimiste, et en réparant sa bicyclette je prendrais du temps sur mon travail. Bref, elle me proposait une complicité risquée mais potentiellement utile. Entretenir des rapports humains avec un individu « de l'autre camp » impliquait un péril, une promotion sociale et aussi de la nourriture supplémentaire à court et moyen terme. En un instant j'effectuai l'addition algébrique des trois termes ; la faim prévalut largement et j'acceptai sa proposition.

Frau Mayer me tendit la clef du cadenas : que j'aille chercher la bicyclette qui était dans la cour. Il était inutile d'y songer ; je lui expliquai de mon mieux qu'elle devait s'y rendre elle-même ou y envoyer quelqu'un. « Nous » étions par définition des voleurs et des menteurs : gare à moi si l'on me voyait avec une bicyclette ! Un problème analogue surgit à l'examen du véhicule. La petite sacoche contenait la dissolution, les rustines en caoutchouc et les clefs pour extraire le pneu, mais il n'y avait pas de pompe, et il était impossible, en l'absence d'une pompe, de localiser le trou dans la chambre à air. Il convient de préciser, entre parenthèses, qu'à l'époque les bicyclettes et les crevaisons relatives étaient énormément plus communes qu'aujourd'hui, et que tous les Européens, en particulier les jeunes, savaient réparer un pneu. Une pompe ? Pas de problème, me dit Frau Mayer, il suffisait d'en emprunter une à Meister Grubach, son collègue de la pièce voisine. Non, ce n'était pas aussi simple ; non sans honte, il me fallut la prier de m'écrire un mot signé : « *Bitte um die Fahrradpumpe.* »

J'effectuai la réparation, et Frau Mayer me donna en grand secret un œuf dur ainsi que quatre morceaux de sucre. Je ne voudrais pas qu'on se méprenne : en considérant la situation et les cours de ces années-là, c'était une rétribution plus que généreuse. Tandis qu'elle me remettait furtivement le paquet, elle murmura une phrase qui me laissa songeur : « Noël n'est pas loin. » Des paroles évidentes, ou plutôt absurdes puisqu'elles s'adressaient à un prisonnier juif : elles dissimulaient certainement une autre signification, qu'aucun Allemand n'aurait osé formuler clairement à l'époque.

En racontant cet épisode quarante ans plus tard, je ne me propose pas de justifier l'Allemagne nazie. Un Allemand humain ne blanchit pas les innombrables Allemands inhumains ou indifférents, mais il a le mérite de briser un stéréotype.

Ce fut un Noël mémorable pour le monde en guerre ; mémorable pour moi aussi, car il fut marqué par un miracle. À Auschwitz, les diverses catégories de prisonniers (politiques, criminels de droit commun, asociaux, homosexuels, etc.) avaient l'autorisation de recevoir des colis de chez eux, mais pas les Juifs. Au reste, qui aurait pu leur en envoyer ? Leurs familles exterminées ou enfermées dans les derniers ghettos ? Les rares individus qui avaient échappé aux rafles et qui se cachaient dans des caves ou des greniers, terrifiés et sans le sou ? Et qui connaissait leur adresse ? Nous étions à tous points de vue morts pour le monde.

Et pourtant, je reçus un paquet, que ma sœur et ma mère, cachées en Italie, m'avaient expédié à travers une chaîne d'amis : le dernier maillon de la chaîne n'était autre que Lorenzo Perrone, le maçon de Fossano dont j'ai parlé dans *Si c'est un homme*, et dont j'ai raconté la mort poignante dans *Lilith.* Ce colis contenait du succédané de chocolat, des biscuits et du lait en poudre, mais sa valeur effective, le choc qu'il causa à mon ami Alberto et à moi-même ne sauraient être décrits par le langage ordinaire. Les termes « manger », « nourriture » et « faim » prenaient une tout autre signification dans un Lager : ce paquet inattendu, improbable, impossible, était comme un météore, un objet céleste, porteur de symboles, d'une valeur immense et d'une immense force vive.

Nous n'étions plus seuls : un lien avec le monde du dehors avait été établi. Et nous avions des choses délicieuses à manger pendant des jours et des jours. Il nous fallait toutefois résoudre sans tarder de gros problèmes pratiques : nous nous retrouvions dans la même situation qu'un passant à qui l'on offre un lingot d'or en pleine rue. Où le mettre ? Comment le conserver ? Comment le soustraire à la cupidité des autres ? Comment l'investir ? La faim que nous éprouvions depuis une année entière nous poussait à la pire des solutions : tout manger immédiatement. Il nous fallait résister à la tentation : nos estomacs affaiblis n'auraient pas résisté à cette épreuve, en une heure tout se serait achevé en indigestion, ou pire encore.

N'ayant pas de cachettes sûres, nous distribuâmes tous les vivres dans les poches légales de nos vêtements, cousîmes des poches illégales dans le dos de nos vestes de façon à sauver quelque chose dans l'éventualité d'une perquisition ; mais il était peu commode et ridicule de tout transporter sur nous, y compris au travail, au lavoir et aux latrines. Alberto et moi en parlâmes longuement le soir, après le couvre-feu. Nous avions conclu un pacte rigoureux : tout ce que l'un de nous parvenait à se procurer en dehors de la ration devait être divisé en deux parties parfaitement égales. Alberto obtenait de meilleurs résultats que moi dans ce genre d'entreprises, raison pour laquelle je lui avais souvent demandé quel intérêt il trouvait à demeurer en société avec un partenaire aussi peu efficace; or il m'avait toujours répondu : « On ne sait jamais; je suis plus rapide, mais tu es plus chanceux. » Pour une fois, il avait eu raison.

Alberto élabora une proposition originale. Les biscuits constituaient l'article le plus encombrant : nous en avions disséminé un peu partout, j'en avais même caché dans la doublure de mon calot et je devais veiller à ne pas les émietter quand j'étais obligé de l'ôter brusquement pour saluer les SS de passage. Ces biscuits n'étaient pas très bons, mais ils avaient bel aspect; nous pourrions les partager en deux paquets et les offrir au Kapo et à l'ancien de la baraque. C'était, selon Alberto, le meilleur investissement : nous acquerrions ainsi un certain prestige, et les deux « proéminents » nous récompenseraient, même en l'absence de véritable contrat, par des indulgences diverses. Nous consommerions nous-mêmes le reste du colis en petites rations quotidiennes, dans le plus grand secret possible.

Mais la foule, la promiscuité, les racontars et le désordre étaient tels dans le Lager que le secret se réduisait à peu de chose. Nous nous en aperçûmes en l'espace de quelques jours : compagnons et Kapos nous regardaient d'un autre œil. Ils nous regardaient, justement, comme on regarde un objet ou un être qui tranche sur la normale, qui ne fait plus partie de l'arrière-fond mais qui est passé au premier plan. Selon le degré de sympathie qu'ils éprouvaient pour « les deux Italiens », ils nous regardaient avec envie, complicité, satisfaction ou désir manifeste. Mendi, un rabbin slovaque qui était mon ami, me dit en clignant de l'œil : « *Màzel tov* », « avec la bonne étoile », employant ainsi la belle formule yiddish et hébraïque avec laquelle on se félicite d'un événement heureux. Nombreux étaient ceux qui savaient ou qui avaient deviné : cela nous réjouissait et nous inquiétait à la fois ; il convenait de rester sur le qui-vive. Par précaution, nous décidâmes d'un commun accord d'accélérer le rythme de la consommation : ce qui est mangé ne peut plus être volé.

Le jour de Noël, on travailla comme d'habitude ; ou plutôt, le laboratoire étant fermé, je fus chargé comme les autres de déblayer les décombres et de transporter des sacs de produits chimiques d'un entrepôt bombardé à un entrepôt intact. De retour dans le camp, le soir, je me rendis au lavoir ; j'avais encore une bonne dose de chocolat et de lait en poudre dans mes poches, voilà pourquoi j'attendis que se libère une place dans le coin le plus éloigné de la porte d'entrée. Je pendis ma veste à un clou, juste derrière moi : il était impossible à quiconque de s'approcher sans être vu. Je commençai à me laver. Soudain, je vis du coin de l'œil que ma veste montait. Quand je me retournai, il était déjà trop tard : la veste, avec son contenu et mon numéro de matricule cousu sur la poitrine, était désormais hors de ma portée. Quelqu'un avait fait descendre une ficelle et un hameçon par la petite fenêtre située au-dessus du clou. Je me précipitai à l'extérieur, à moitié nu, mais il n'y avait plus personne. Personne n'avait rien vu, personne ne savait rien. Qui plus est, j'étais maintenant privé de veste. Je fus obligé d'aller avouer ma faute au fourrier de la baraque, car, dans un Lager, être volé constituait une faute : il me donna une autre veste mais m'intima l'ordre de trouver une aiguille et du fil, peu importait comment ; d'ôter le numéro de matricule qui était cousu sur mon pantalon et de le fixer au plus vite sur ma veste neuve, autrement « *bekommst du fünfundzwanzig* », tu auras droit à vingt-cinq coups de bâton.

Nous partageâmes le contenu des poches d'Alberto, qui n'avait pas subi de pertes et qui déploya ses meilleures ressources philosophiques. Nous avions consommé plus de la moitié du colis, n'est-ce pas ? Et le reste n'était pas entièrement gâché : un autre affamé fêtait Noël à nos dépens, en nous bénissant peut-être. Quoi qu'il en fût, une chose était certaine : c'était le dernier Noël de guerre et de captivité.

27 mars 1984

FRA DIAVOLO[1] SUR LE PÔ

Avant les actuelles réformes confuses, le baccalauréat était une entreprise terrifiante, un décathlon ; on exigeait du candidat quatre épreuves écrites et des examens oraux dans toutes les matières traitées au cours des trois années d'enseignement secondaire : pratiquement, un condensé de la science entière. Voilà pourquoi on arrivait épuisé le jour du premier examen, dans un état d'esprit à la fois agité et fataliste, puisqu'il était évident aux yeux de tous que la chance jouerait une fonction primordiale dans le résultat final.

Justement, l'avant-veille du premier examen, la dissertation d'italien, je reçus, en juillet 1936, une menaçante carte rouge qui portait l'en-tête du ministère de la Guerre : je devais me présenter le lendemain à l'hydrobase (sur le Pô, d'où partait

1. Brigand facétieux qui sévissait en Campanie pendant l'occupation napoléonienne. Partisan des Bourbons contre les Français, il opérait masqué et déguisé (notamment en moine, d'où son surnom « Frère Diable »). Ce Robin des Bois italien fut pendu à Naples en 1806. *(N.d.T.)*

l'hydravion pour Venise : combien de Turinois s'en souviennent-ils ?) pour des communications urgentes. J'y allai, le cœur plein de pressentiment, et me retrouvai en compagnie d'un autre adolescent également dénommé Levi (cette étrangeté ne fut jamais éclaircie), devant un énergumène en uniforme fasciste, qui déversa sur nous une avalanche d'insultes, d'accusations et de menaces.

Il avait le visage écarlate, était en proie à une colère paroxystique ; il nous accusa carrément de tentative de désertion. Nous étions deux lâches : selon lui, nous n'avions pas répondu à un appel précédent dans le but manifeste d'éviter le service militaire dans la Marine royale ; oui, car nous avions été tirés au sort à Turin pour la levée des gens de mer. Personne ne nous dispensait des vingt-quatre mois d'engagement.

À l'époque, je ne savais même pas nager et, malgré mes lectures de Stevenson et de Defoe, la perspective de devenir marin me paraissait absurde et effrayante. Je rentrai terrorisé chez moi ; le lendemain, je remis une dissertation d'italien rabougrie et démentielle, si bien que je récoltai un 3, à juste titre, fus exclu de l'épreuve orale et ajourné à la session d'octobre. Cette première note au-dessous de la moyenne de mon impeccable carrière scolaire eut, pour moi, l'effet d'une condamnation à perpétuité, ou presque. Seul un effort exténuant me permit de surmonter les autres épreuves.

Il y eut un conseil de famille ; déjà gravement malade, mon père, le pauvre, se prépara à faire le tour des autorités compétentes, de la circonscription militaire au *podestà* en passant par l'inspecteur d'académie et la fédération fasciste. Il en résulta une solution paradoxale, une fuite en avant : j'éviterais la levée des gens de mer en m'inscrivant au cours prémilitaire de la Milice volontaire pour la sécurité nationale, la MVSN fasciste.

Ainsi, à l'automne suivant, après avoir réussi mon examen de rattrapage en italien, j'entrai à l'université, où je devins milicien universitaire. À l'époque, je n'étais ni fasciste ni antifasciste ; porter un uniforme ne me procurait pas de fierté, mais une vague gêne (surtout à cause des bottes), alors que la marche au pas, en ordre serré, ne me déplaisait guère, je l'avoue, en particulier quand on l'effectuait au son de la fanfare. C'était une danse, qui me donnait également l'impression d'appartenir à un bloc humain, de me fondre dans un groupe homogène. J'ai appris par la suite qu'Einstein déclarait ne pas comprendre le genre d'homme qui trouve du plaisir à marcher au pas ; eh bien, j'appartenais alors à cette catégorie, même si, sept ans plus tard, d'autres marches au pas ont modifié radicalement mon opinion.

J'étais donc milicien, avec chapeau alpin, aigle, faisceaux licteurs, veste et pantalon gris-vert, chemise noire. La routine de l'instruction prémilitaire aurait dû m'ouvrir les yeux sur ce qui arriverait en Italie après l'entrée en guerre de 1940 : il suffit de dire que, durant ces leçons, je ne tirai pas un seul coup d'arme à feu ni ne vis jamais l'ombre des chargeurs du très lourd mousqueton modèle 91.

Le rassemblement avait lieu le samedi après-midi dans la cour de l'université de la via Po, dans un couloir de laquelle était située l'armurerie de la Milice universitaire. Il fallait se présenter en uniforme ; chacun se voyait remettre un mousqueton, à l'extrémité duquel on avait fixé la baïonnette, avec ses deux rainures latérales « pour que le sang s'écoule » ; on avait glissé dans le passant du fourreau de la baïonnette le ceinturon et ses gibernes, destinées à contenir les munitions mais naturellement vides. Après avoir bouclé le ceinturon, nous placions dans les gibernes du pain et du saucisson pour le goûter, ainsi que des cigarettes si l'on était fumeur. L'instruction prémilitaire consistait uniquement à reproduire l'ennuyeux « ordre serré » et à effectuer de longues promenades dans les collines, qui eussent été agréables en l'absence des odieuses bottes qui nous écorchaient chevilles et pieds.

Sauf erreur, j'étais le seul véritable universitaire de ma section. Les autres suivaient des études de géomètre ou de comptable ; ils s'étaient tous inscrits à la MU en raison des divers avantages d'ordre temporel qu'on pouvait en retirer, et non par foi fasciste. Mes voisins d'équipe, présents à mes côtés car ils avaient la même taille que moi, étaient quatre braves garçons, spirituels et cordiaux, un peu putassiers, qui, avec l'aide du mousqueton, s'amusaient à jouer les Fra Diavolo. Ils s'appelaient respectivement Canú Vaché (Canuto le Vacher), Cravé (Cravero) Salaud, ComiDégueux et Simoncelli Connard : comme dans les textes homériques, l'attribut était fixe et faisait partie intégrante du nom ; c'était, pour eux, l'équivalent d'un titre honorifique.

Comi Dégueux, en particulier, était une de mes vieilles connaissances. Nous avions été camarades de classe à l'école primaire et, à l'époque, il s'appliquait déjà à être le plus dégoûtant possible : de toute la classe, il était le seul capable de lécher la semelle de ses chaussures, sans les ôter bien sûr. Il m'est agréable de rapporter le nom de ces lointains compagnons d'armes, pour le cas où ils se reconnaîtraient. L'un d'eux avait composé des strophes aimablement obscènes où revenaient les noms surréels des parties du mousqueton démonté, « chien à coulisse », « trou de bague », « queue de culasse » et d'autres que j'ai oubliés car nous ne démontions jamais le mousqueton. Celui-ci était moins considéré comme une arme que comme une charge visant à entraver nos mouvements.

Grâce aux lois raciales, mon engagement dans la milice fut de courte durée : en septembre 1938, je fus invité à rendre mon uniforme et m'exécutai sans regret. Mais à mon retour de captivité, en 1945, je fus bien obligé de m'apercevoir que le cauchemar du service militaire dans la marine ne s'était pas évanoui. Figurant encore sur la liste de la levée des gens de mer, je fus convoqué à la circonscription dans le but d'y reconstituer ma situation, entièrement déshabillé et soumis à la visite médicale réglementaire, avec les recrues de 1927. Je n'étais pas en excellent état, mais le médecin voulait me déclarer bon pour le service. Il y eut une négociation : si étrange que cela puisse paraître, je ne possédais aucun papier attestant de mon année d'Auschwitz, à l'exception du numéro tatoué sur mon bras. Au terme de longues explications et prières, le médecin accepta d'abord de m'ajourner, puis de me réformer définitivement. Ainsi se conclut ma brève carrière militaire.

FIN DU GARS DE MARINEO

Il n'y avait pas eu de morts. Seuls Sante et le gars de Marineo étaient tombés aux mains des Allemands, ce que nous trouvâmes, comme toujours, incroyable et peu naturel ; mais les plus âgés de la troupe savaient que les hommes qui y restent sont toujours ceux dont on dit ensuite « qui l'eût cru ! » ; et ils savaient aussi pourquoi.

Quand on les emmena, le ciel était gris et la route encore couverte d'une neige dure changée en glace. Le camion descendait, moteur éteint : les chaînes de ses roues grinçaient dans les virages et tintaient en rythme le long des lignes droites. Les Allemands étaient une trentaine, ils se tenaient debout, épaule contre épaule, agrippés pour certains au treillis de la bâche ; celle-ci n'ayant toutefois pas été tirée, un fin grésil frappait les visages et se déposait sur le drap des uniformes.

Blessé, Sante était assis sans bouger ni parler sur le banc postérieur du camion ; le gars de Marineo avait été, en revanche, placé vers l'avant, debout contre la cabine du chauffeur. Il tremblait de fièvre et se sentait progressivement submergé par une somnolence croissante, si bien qu'en profitant d'une secousse du véhicule il glissa sur la plate-forme humide et demeura là, assis comme un objet, au milieu des bottes boueuses, sa tête nue serrée entre deux hanches osseuses.

La poursuite avait été longue et exténuante, aussi le gars de Marineo semblait-il désirer peu de chose : que tout soit terminé, qu'il puisse s'asseoir, qu'il n'ait plus de décisions à prendre, qu'il lui soit possible de s'abandonner à la chaleur de la fièvre et au sommeil. Il savait qu'il serait interrogé, probablement frappé et certainement tué, il savait aussi que ces choses-là réacquerraient bientôt de l'importance ; mais, pour le moment, il avait l'impression curieuse d'être protégé par la cuirasse chaude de la fièvre et du sommeil, comme par un rembourrage d'ouate qui l'eût séparé du monde, des événements de la journée et de l'avenir imminent. En vacances, pensa-t-il presque en rêve : depuis combien de temps n'était-il pas parti en vacances ?

Quand ses yeux se fermaient, il plongeait dans un long tunnel étroit, creusé dans une substance tiède, mouvante et pourpre comme la lumière qui pénètre à travers les paupières closes. Ses pieds et sa tête étaient froids, et il avait le sentiment d'avancer péniblement, comme poussé, vers la sortie, qui était très lointaine mais qu'il finirait certainement par atteindre. Elle était barrée par un tourbillon de neige ainsi que par un enchevêtrement de métal glacial et dur.

Un grand laps de temps s'écoula de la sorte pour le gars de Marineo, qui n'essaya pas de quitter son nid de fièvre. Le camion arriva sur le plat, où les Allemands s'arrêtèrent pour ôter les chaînes, puis il reprit sa route plus rapidement en imprimant à son allure des secousses plus violentes.

Rien ne se serait peut-être produit si les Allemands ne s'étaient pas soudain mis à chanter. Une voix, à l'intérieur de la cabine, avait commencé, faible et voilée, mais quand la première strophe fut terminée, la seconde explosa comme un coup de tonnerre dans toutes les poitrines, couvrant le vrombissement du moteur et le vent de la course, balayant aussi la fièvre du gars de Marineo. Il se trouva de nouveau en mesure d'agir et d'une certaine façon obligé d'agir, comme nous tous à l'époque.

La chanson était longue ; chaque strophe s'interrompait à la fin, à la manière allemande, et les soldats abattaient deux fois leurs lourdes bottes ferrées sur la plate-forme en bois. Le gars de Marineo avait rouvert les yeux et redressé la tête ; chaque fois que les bottes claquaient, il percevait un léger contact contre son épaule : il ne tarda pas à comprendre qu'il s'agissait du manche d'une grenade, glissée en biais dans le ceinturon de l'homme qui se tenait sur sa gauche. C'est alors qu'une idée prit forme dans son esprit.

Il est probable qu'il n'ait pas pensé, tout au moins au début, à s'en servir pour se sauver, pour se frayer un chemin, même s'il est impossible, comme nous le raconterons, d'interpréter autrement ses derniers gestes. Il semble plus vraisemblable qu'il ait été mû par la haine et la rancœur (des sentiments qui étaient devenus habituels pour nous, comme des réflexes élémentaires) envers les hommes blonds et verts, bien nourris et bien armés, qui nous obligeaient depuis de nombreux mois à mener la vie de la tanière ; et, peut-être plus encore, qu'il ait voulu se venger, se purifier de la honte de la dernière fuite, une honte qui pesait, et pèse encore, sur nos esprits. En effet, le gars de Marineo avait un cœur simple et nous le croyions tous incapable de tuer sinon par défense, par vengeance ou par rage.

Sans tourner la tête, le gars de Marineo chercha prudemment, à tâtons, la grenade (une grenade à manche, qui explose à retardement) et tout doucement, dissimulant ses mouvements derrière les secousses du véhicule, il en dévissa le capuchon de sécurité. L'opération se déroula sans difficulté, mais le gars de Marineo n'aurait jamais imaginé qu'il serait si difficile de remplir et de parcourir les dix dernières secondes de sa vie ; car il dut lutter durement, avec toute sa volonté et toute son énergie corporelle, pour que le plan soit mené à terme selon son dessein. C'est uniquement à cela qu'il consacra ses derniers instants, et non à s'apitoyer sur son sort, à penser à Dieu, ou à prendre définitivement congé du souvenir de ses êtres chers.

Le cordeau bien serré dans la main, le gars de Marineo s'efforça d'imaginer de façon ordonnée ce qui se produirait au cours des dix secondes séparant l'arrachage de l'explosion. Les Allemands ne s'apercevraient peut-être de rien ; ou seulement de son mouvement brusque ; à moins qu'ils ne comprennent tout. La première hypothèse était la plus favorable : ces dix secondes lui appartiendraient totalement; il utiliserait ce laps de temps pour songer à sa famille, penser à s'en tirer en s'abritant au dernier instant derrière son voisin de droite, mais il lui faudrait alors compter jusqu'à dix, et, curieusement, cette idée l'inquiétait. « Idiot, se dit-il soudain, je me creuse la cervelle, le cordeau à la main. Je pouvais y penser plus tôt. Maintenant, le premier fils de chien qui verra que j'ai ôté le capuchon de sécurité... mais non, je peux toujours tirer, quoi qu'il se passe. » Il rit en son for intérieur : « (Cette situation a aussi des avantages !) Même s'ils me frappaient à la nuque ? Même s'ils me tiraient dessus ? »... Mais oui, grâce à un mécanisme mental à l'évidence illusoire et faussé par l'imminence de sa décision, le gars de Marineo était certain de pouvoir tirer le cordeau n'importe quand, même au moment où il perdrait conscience, peut-être aussi quelques instants après.

Mais, à l'improviste, quelque chose jaillit de profondeurs jamais explorées, d'un recoin de son corps, de ce corps animal et rebelle qui se résout mal à mourir, et augmenta de façon démesurée quelque chose de sombre et d'ancien, d'inconnaissable, car sa montée arrête et supplante tous les instruments de la connaissance et du savoir. Le gars de Marineo sut, mais pas immédiatement, que c'était de la peur, et il comprit qu'il serait bientôt trop tard. Il se remplit les poumons pour se préparer à la lutte et tira de toutes ses forces sur le cordeau.

La colère se déchaîna sur lui. Une patte s'abattit sur son épaule, suivie d'une avalanche de corps, mais le gars de Marineo avait réussi à arracher la grenade du ceinturon et à se retourner comme un hérisson, la tête en bas, l'engin serré entre ses genoux, et les genoux entre les bras, contre sa poitrine. De féroces coups de poing et de pied, de crosse de fusil, de talon ferré pleuvaient sur son dos ; des mains dures tentaient de violer la défense de ses membres contractés, mais tout cela fut vain, tout cela ne put venir à bout de l'insensibilité à la douleur et de la vigueur primordiale que la nature nous accorde brièvement dans les moments d'extrême nécessité.

Pendant trois ou quatre secondes, le gars de Marineo demeura à terre dans une contraction suprême de toutes ses fibres, sous un tas de corps qui se contorsionnaient dans la violence de la lutte ; puis il entendit les freins crisser, le véhicule s'arrêter, et aussitôt après les bruits sourds et précipités d'individus qui bondissaient à terre. À cet instant précis, il eut la sensation que le moment était venu, et dans l'ultime, peut-être involontaire, détente de toutes ses forces, il essaya, mais trop tard, de se libérer de la grenade.

L'explosion déchiqueta les corps de quatre Allemands et le sien. Sante fut achevé sur place. Le camion fut abandonné et nous nous en emparâmes la nuit suivante.

LA CHAIR DE L'OURS

Les soirées passées dans les refuges comptent parmi les plus nobles et les plus intenses de toute l'existence. Je parle des véritables refuges, ceux qu'on atteint dans le but de s'abriter au terme de quatre, cinq ou six heures de marche, et où le prétendu « confort » n'abonde pas.

Je ne veux pas dire que les télésièges, les téléphériques et le confort que j'ai nommé plus haut, sont méprisables en soi : au contraire, ce sont les conséquences logiques de notre civilisation, qui est ce qu'elle est, et qui doit être acceptée ou refusée en bloc — rares sont ceux qui la refusent. Mais l'avènement des télésièges a provoqué la fin d'un précieux processus de sélection naturelle, en vertu duquel ceux qui montent aux refuges sont certains d'y trouver, à l'état pur, un petit échantillon d'une sous-espèce humaine peu connue.

Ces gens-là parlent peu et l'on ne parle jamais d'eux, c'est pourquoi ils n'apparaissent dans la littérature d'aucun pays, ou presque. Il ne faut pas les confondre avec d'autres catégories vaguement similaires, qui, en revanche, parlent et dont on parle : les as, les alpinistes du sixième degré, les membres des célèbres expéditions internationales, les professionnels, etc. Ce sont tous des êtres dignes, mais ils ne constituent pas le sujet de ce récit.

J'atteignis le refuge au couchant, très fatigué. Je demeurai à l'extérieur, sur la terrasse de bois, et contemplai le désordre rigide des séracs à mes pieds, jusqu'à ce que ce spectacle s'évanouisse derrière de silencieux fantômes de brume. C'est alors que je rentrai.

L'intérieur était presque entièrement plongé dans l'obscurité. À la clarté d'une petite lampe à carbure, on distinguait une douzaine de silhouettes humaines autour de trois ou quatre tables. Je m'assis à l'une d'elles et ouvris mon sac. Face à moi se tenait un homme grand et gros, entre deux âges, avec lequel j'échangeai quelques mots sur le temps et les programmes du lendemain. Pour ceux qui l'ignorent, il s'agit d'un discours type, semblable aux ouvertures classiques des échecs, où comptent moins, pour un jugement réciproque, les paroles prononcées (brèves et banales) que le ton avec lequel on les formule.

Nous nous accordâmes sur le fait que le temps était incertain (il l'est toujours, en montagne, et même quand il ne l'est pas on le définit ainsi pour des raisons magiques fort évidentes) et sur les prévisions concernant le jour suivant. Un peu plus tard, deux jeunes gens d'environ vingt ans, grands et maigres, à la barbe longue et aux yeux faméliques, firent irruption dans le refuge. Ils venaient d'une autre vallée et effectuaient une série de traversées compliquée. Ils prirent place à notre table.

Après avoir mangé, nous commençâmes à boire. À une altitude supérieure à 2 000 mètres et à proximité d'une température de 0 °C, le vin, substance bien plus complexe qu'on ne le pense, présente d'intéressantes anomalies de comportement. Il change de goût, perd le mordant de l'alcool et réacquiert la douceur du raisin dont on suppose qu'il dérive. On peut le boire à forte dose sans ressentir d'effets désagréables ; mieux, il soulage de la fatigue, délie et réchauffe les membres, vous met d'humeur fantasque. Bref, ce n'est plus un luxe ou un vice, mais une nécessité métabolique, comme l'eau dans la plaine. D'ailleurs, il est bien connu que la vigne pousse mieux sur les pentes : y aurait-il un rapport ?

Avec l'alcool, les conversations devinrent moins impersonnelles à notre table. On parla d'initiation, chacun raconta la sienne, et nous constatâmes avec une certaine stupeur que la carrière d'alpiniste de chacun d'entre nous avait commencé par une grosse bêtise.

La bêtise la plus belle et la mieux décrite se révéla être celle du grand et gros monsieur.

« J'avais quinze ans. Un ami, Saverio, avait lui aussi quinze ans. Un troisième, Luigi, en avait dix-sept. Nous étions sortis plusieurs fois ensemble, entre 1 500 et 2 000 mètres, sans méthode et sans but ; je dois dire, sans but conscient, mais, en substance, poussés par l'envie subtile de nous mettre dans le pétrin et d'en sortir.

Rien de plus facile : il suffit de monter tout droit au hasard, dans n'importe quelle direction, sur la pente la plus raide, d'avancer un quart d'heure à mi-côte et d'essayer de redescendre. Bien entendu, on apprend aussi des choses : que les pins, quand il y en a, constituent des appuis sympathiques et sûrs, notamment en descente ; qu'il est difficile de monter et facile de descendre sur les éboulis ; on découvre différentes qualités d'herbe, de drôles de pentes terreuses en escalier, l'art de perdre les sentiers et de les retrouver. Surtout, on mesure les limites de ses propres forces, quantitatives et qualitatives : le vacillement du souffle, des jambes et du cœur, mais aussi le vacillement psychosomatique, dirais-je. C'est une grande école : j'aurais aimé la fréquenter plus longtemps.

« Le mois de septembre arriva, et nous nous sentions aussi forts que des lions. "Le col du G., dit Luigi, est à 2 000 mètres : 1 100 mètres de dénivelé d'ici. D'après les manuels, il y aurait trois heures de montée, mais nous en mettrons à peine deux. Il n'y a là rien de difficile, seulement des éboulis et des rochers ; pas de neige en cette saison. De l'autre côté, on descend sur 600 mètres, une heure, et on arrive au refuge de la Confinaria : on le voit bien ici, sur la carte. Puis on rentre tranquillement par la route carrossable. Nous partirons aujourd'hui à 2 heures : à 4 heures, nous serons au sommet ; à 5 heures, au refuge ; et à la maison pour le dîner."

« C'est ce que dit Luigi. À 2 heures, nous nous retrouvâmes en bas de chez lui avec de bonnes chaussures aux pieds, pas de sac ni de cordes (sur l'emploi desquelles, au reste, aucun de nous trois n'avions d'idée concrète, alors que nous connaissions très bien la théorie du rappel, les mérites du chanvre et de l'abaca, la technique du sauvetage dans les crevasses, et d'autres finesses, que nous avions étudiées dans les manuels du CAI[1]), cent grammes de chocolat en poche, et (que Dieu nous pardonne !) vêtus de culottes courtes.

« Nous montâmes sans problème. D'abord dans la pinède, dédaignant le sentier muletier et les raccourcis, picorant des myrtilles ; puis sur un cône de déjection, gaspillant de précieuses énergies. C'était la première fois que nous prenions le large sans adultes pour nous casser les pieds avec leurs conseils, sans oncles ni experts. Nous étions ivres de liberté, voilà pourquoi nous nous complaisions du langage lycéen le plus grossier ainsi que de savantes citations classiques, comme par exemple :

"... Il te convient d'aller par un autre chemin...
... si tu veux échapper à cet endroit sauvage[2]"

« ou :

"... Ce n'était pas chemin pour gens vêtus de [chapes,
car à grand-peine lui si léger et moi poussé
nous pouvions monter de saillie en saillie[3]"

1. Club alpin italien. *(N.d.T.)*

2. Dante, *La Divine Comédie, L'Enfer,* chant I, 91 et 93, traduction de Jacqueline Risset, Flammarion, Paris, 1985. *(N.d.T.)*

3. *Ibidem,* chant XXIV, 31-33. *(N.d.T.)*

« ou encore :

"... il avisa un autre bloc
et dit : 'Accroche-toi bien à celui-ci ;
mais éprouve d'abord s'il peut te soutenir[1]'."

« Pardonnez-moi de m'être un peu laissé aller : voyez, je ne suis pas un spécialiste de Dante, et pourtant, croyez-moi, un jour ou l'autre surgira un brave homme qui prouvera que Dante n'a pas pu inventer ces principes fondamentaux de la varappe, et qu'il a dû passer ici, ou dans des lieux semblables. Où il dit :

"Rappelle-toi, lecteur, si jamais dans l'alpe
un brouillard t'a surpris, qui a rendu ta vue
pareille à celle des taupes, à travers leur taie[2]."

« Honneur à lui ! En ce qui me concerne, j'ai toujours été persuadé qu'il était du métier.

« Bon, je disais donc que nous montions avec entrain, en disant et en faisant des bêtises. Voilà pourquoi nous atteignîmes le passage à 6 heures, et non à 4, méchamment claqués, les genoux tremblants et pas seulement de fatigue. Saverio, le plus jeune, était le plus mal en point. Du sommet, Luigi et moi le voyions peiner sur les cailloux instables, cinquante mètres plus bas.

« "Il faut maintenant que tu chasses ta paresse[3] !", eut l'effronterie de lui crier Luigi. Le malheureux s'arrêta aussitôt pour reprendre son

1. Dante, *La Divine Comédie, L'Enfer*, chant XXIV, 28-30, *op. cit. (N.d.T.)*

2. *Le Purgatoire*, chant XVII, 1-3, traduction de Jacqueline Risset, Flammarion, Paris, 1988. *(N.d.T.)*

3. *L'Enfer*, chant XXIV, 46, *op. cit. (N.d.T.)*

souffle, il leva vers nous une tête de Christ en croix, nous rejoignit péniblement et, très correctement, souffla avec un filet de voix une réponse peu plausible :

« “... Va donc, je suis fort et hardi[1] !”

« Quand nous fûmes tous trois sur le passage, nous vîmes deux choses peu agréables. La première, que la nuit tombait ; et je vous jure devant cette bouteille que, depuis ce jour-là (tant d'années se sont pourtant écoulées), je ne vois pas l'obscurité tomber en montagne sans une sensation de vide, ici, au creux de l'estomac. La deuxième, que nous nous étions nous-mêmes piégés.

« On ne descendait pas au refuge en empruntant une pente raisonnable. Il y avait là un petit vallon plat, pierreux et privé de toute trace humaine, et plus loin un précipice répugnant, pas vertical, non, mais composé d'une roche abîmée et de couloirs terreux, un de ces endroits où personne ne met jamais les pieds, car on s'y casse le cou sans gloire et sans aucune satisfaction.

« Nous avançâmes jusqu'au bord du précipice dans les dernières lumières : on voyait le grand saut noir de la vallée et, en tendant bien le nez, la petite lampe du refuge, presque sous nos pieds. Il n'était pas question de descendre par nos propres moyens ; nous nous assîmes là et commençâmes à crier. Nous criions à tour de rôle. Saverio criait et priait. Luigi criait et blasphémait. Moi, je criais

1. Dante, *La Divine Comédie, L'Enfer*, chant XXIV, 60, *op. cit. (N.d.T.)*

et c'est tout. Nous criions au point d'avoir la voix rauque.

« Vers minuit, la lampe du refuge se dédoubla, et l'un des deux points s'alluma trois fois. C'était un signal. Nous hurlâmes trois fois en guise de réponse. Alors, une voix lointaine scanda "Nous arrivons", et nous répondîmes en poussant des cris désordonnés. La voix demanda : "Où êtes-vous ?", et nous braillâmes ensemble des informations confuses et superflues, dépourvus d'allumettes comme nous étions.

« Nos sauveurs, pauvres diables, montaient en pestant et en s'arrêtant de temps à autre pour chanter, boire et ricaner. Ils n'étaient pas très enthousiastes. Bien des années plus tard, il m'est arrivé à moi aussi de participer à une opération de secours, c'est pourquoi je comprends très bien leur état d'esprit. Ce sont des entreprises mal commodes et dangereuses ; qui plus est, dans la plupart des cas, elles débouchent sur des problèmes, car personne ne veut payer les vivres d'urgence, et surtout pas les randonneurs sauvés, qui sont rarement solvables.

« Ils nous rejoignirent vers 2 heures du matin. Je dois avouer ici, pour combler la mesure, qu'il s'agissait d'agents de la brigade frontalière. Quand ils mirent la main sur nous, ils firent des signaux en aval au moyen de leur torche électrique. "Qui est-ce ?" demanda-t-on en bas. "Rien que trois *gagnô* chignards", retentit la féroce réponse. Puis ils nous dirent : "C'est donc ce qu'on vous a appris à l'école ?"

« Après quoi, ils nous attachèrent comme des

saucissons et nous descendirent dans la vallée sans plus nous adresser la parole, mais s'arrêtant souvent pour ricaner entre eux, pour boire et jurer. "Tu me passes la bouteille, s'il te plaît ?"

« Je lui passai la bouteille et lui demandai ce qu'était un *gagnô*.

« "*Gagnô*, me répondit-il, signifie gamin, mais c'est un terme chargé de dérision. C'est ainsi que les élèves de 8e qualifient ceux de l'année précédente."

« Voilà comment j'ai commencé. Il n'y a pas de quoi être fier de cette histoire, direz-vous ? Et, en effet, je ne le suis pas. Mais je suis sûr que cette stupide aventure m'a servi plus tard. Ce sont des choses qui vous durcissent le caractère, ce qui n'est pas toujours naturel. J'ai lu quelque part (l'auteur de ces phrases n'était pas un montagnard, mais un marin) que la mer ne fait pas de cadeau, elle ne vous offre que des coups durs et, parfois, une occasion de se sentir fort. Je ne connais pas grand-chose à la mer, mais je sais qu'ici il en est ainsi. Je sais que le plus important dans la vie, ce n'est pas d'être fort, mais de se sentir fort, de s'être mesuré au moins une fois avec l'adversité, de s'être trouvé au moins une fois dans la condition humaine la plus antique, seul devant la pierre aveugle et sourde, sans autre secours que ses propres mains et sa propre tête... mais pardonnez-moi, c'est une autre histoire. Celle que je vous ai racontée se termine comme ça. On m'a traité de "*gagnô* chignard" pendant de nombreuses années, et certains m'appellent encore ainsi, ce qui, je vous l'assure, ne me déplaît pas le moins du monde. »

Il but et se consacra en silence au cérémonial complexe des fumeurs de pipe.

« Moi aussi, j'ai commencé par une grosse bêtise », fit une voix. Nous nous aperçûmes alors que nous n'étions plus quatre à notre table, mais cinq. L'homme qui parlait, à la lueur de la petite lampe, semblait frêle, il avait les tempes dégarnies, un visage pointu, sillonné de rides mobiles. Il raconta son histoire sur un rythme inégal en avalant un grand nombre de mots et en laissant plus d'une phrase en suspens, comme si sa langue avait du mal à suivre le fil de ses pensées ; mais il lui arrivait aussi de chercher ses mots et de s'arrêter comme par enchantement.

« Nous étions trois, nous aussi, mais pas si jeunes, nous avions une vingtaine d'années. Parmi nous, il y avait Antonio, un garçon que je n'aimerais pas, que je ne saurais pas décrire en détail : il était bon et beau, intelligent, sensible, tenace et courageux, mais il avait quelque chose d'évasif, de sombre, de sauvage. C'était l'âge où l'on éprouve le besoin, l'instinct et l'impudeur de s'infliger réciproquement tout ce qui fourmille dans la tête et ailleurs, un âge qui peut durer longtemps, mais qui prend fin avec le premier compromis. Eh bien, même à cet âge-là, rien n'avait transpiré de son enveloppe de pudeur ni de son monde intérieur, qu'on devinait pourtant riche et dense, à l'exception de rarissimes allusions dramatiquement tronquées. Il était comme les chats, si je puis m'exprimer ainsi, avec lesquels on vit pendant des dizaines d'années sans qu'ils vous permettent jamais de pénétrer au-delà de leur sacrée peau.

« Le troisième était Carlo, notre chef. Il est mort, mieux vaut le dire sans tarder, car, inévitablement, on est amené à parler des morts de façon différente que des vivants. Il est mort d'une manière qui lui ressemble, pas en montagne, mais comme on meurt en montagne. Pour faire ce qu'il devait : non pas le devoir que quelqu'un d'autre, ou l'État, nous impose, mais le devoir qu'on choisit. Pourtant, il se serait exprimé autrement : "pour arriver au terminus", par exemple, car il n'aimait pas les mots ronflants, ou plutôt les mots.

« C'était le genre de garçon qui ne travaille pas pendant sept mois, qui a l'air d'un rebelle et d'un idiot, et qui, au huitième mois, digère toutes les leçons comme de l'eau, est reçu aux examens avec les meilleures notes. Il passait l'été à être pasteur, mais pas le pasteur des âmes, non, celui des moutons, et non par exhibition ou par extravagance, mais avec bonheur, par amour de la terre et de l'herbe, et par générosité. L'hiver, quand une envie irrésistible le prenait, il accrochait ses skis à son vélo et partait de bonne heure "là-haut", tout seul et sans un sou, un artichaut dans une poche, de la salade dans l'autre ; il rentrait le soir, ou le lendemain, dormant on ne savait où ; plus il avait affronté la tempête et la faim, plus il était content et mieux il se portait physiquement. Quand j'ai fait sa connaissance, il avait déjà une belle carrière d'alpiniste derrière lui, tandis que j'en étais à mes premières armes. Mais il en parlait avec une extrême réticence : il n'était pas de la race (que j'estime, d'ailleurs, car j'y appartiens) de ceux qui vont “là-haut” pour pouvoir le raconter. Au reste, personne, semble-t-il, ne lui avait appris à parler, ni à skier : il parlait d'une façon bien à lui, il ne disait que l'essentiel des choses.

« On l'aurait cru en fer. Il portait, si besoin était, un sac de trente kilos comme un fétu de paille, mais il avait l'habitude de s'en passer : il avait assez de ses poches, dans lesquelles il fourrait des légumes, comme je l'ai dit, un quignon de pain, un canif, parfois le guide du CAI, et toujours une bobine de fil de fer pour les réparations d'urgence. Il pouvait marcher deux jours sans rien avaler, ou avaler trois repas d'affilée avant de partir. Je l'ai vu à 3 000 mètres, en février, sous la neige fondue, manger tranquillement, torse nu, devant deux autres types à qui ce spectacle avait retourné l'estomac. J'ai chez moi une photo qui illustre cette scène. »

Il s'interrompit comme pour reprendre haleine. Les occupants des autres tables étaient tous allés se coucher : dans ce silence subit, on entendit distinctement le grognement profond d'une série de séracs, comme les os d'un géant qui tente en vain de se retourner sur son lit de pierre.

« Je vous demande pardon. Je ne suis plus tout jeune, et je sais que revêtir un homme de paroles constitue une entreprise désespérée. Le mien en particulier. Quand un tel homme meurt, c'est à jamais : ce n'est pas le genre d'individu dont on parle et pour lequel on bâtit des monuments, non, cette espèce-là se concentre entièrement dans ses actions et une fois celles-ci achevées, il n'en reste plus rien. Il ne reste plus que des paroles, justement. Voilà pourquoi, chaque fois que j'essaie de parler de lui, de le faire revivre, comme à présent, j'éprouve une grande tristesse et un sentiment de vide, comme sur la paroi. Alors je dois me taire ou boire. »

Il se tut, but et poursuivit :

« Donc, en février, un samedi matin, Carlo était venu chez nous. "D'main, hein ?" avait-il dit. Dans son langage, cela signifiait que, le temps étant clément, nous pourrions partir le soir même pour l'ascension hivernale de la Dent de M., que nous avions programmée depuis longtemps.

« Je ne vais pas vous raconter les détails techniques. Je vous dirai brièvement que nous partîmes le lendemain matin à une certaine heure, pas trop tôt (Carlo n'aimait pas les montres ; leur avertissement tacite et permanent constituait, à ses yeux, une intrusion arbitraire) ; que nous nous enfonçâmes avec assurance dans le brouillard ; que nous en sortîmes vers 1 heure de l'après-midi, sous un soleil splendide, et sur la crête d'un sommet qui n'était pas le bon.

« Antonio dit alors que nous pourrions redescendre sur une centaine de mètres, traverser de biais et remonter par la ligne de faîte suivante ; étant le plus prudent et le moins expérimenté, je déclarai pour ma part que, puisque nous y étions, nous pouvions continuer le long de la crête, atteindre le mauvais sommet, qui avait seulement quarante mètres de moins que l'autre, et nous en contenter ; enfin Carlo, avec une mauvaise foi magnifique, affirma en quelques syllabes dures et rauques que ma proposition lui convenait, mais qu'en empruntant "l'enfantine crête nord-ouest" nous rejoindrions en une demi-heure la Dent de M. ; cela ne valait pas la peine d'avoir vingt ans, conclut-il, si nous ne nous payions pas le luxe de nous tromper de route.

« "L'enfantine crête nord-ouest" était décrite pierre par pierre dans le guide, tout chiffonné, qui reposait dans la poche de Carlo, avec le fil de fer déjà mentionné. S'il l'emportait, ce n'était pas parce qu'il lui apportait un quelconque crédit, au contraire. Il le considérait, lui aussi, comme une entrave ; et pas seulement comme une entrave, mais également comme une créature bâtarde, un hybride détestable de neige, de roche et de papier. Il l'emportait en montagne pour le dénigrer et se réjouissait quand il avait l'occasion de le prendre en défaut, même s'il en faisait les frais avec ses compagnons d'ascension.

« L'enfantine crête nord-ouest était donc enfantine, ou plutôt élémentaire, l'été ; mais nous la trouvâmes dans des conditions peu favorables. La roche était mouillée sur le versant ensoleillé, et couverte de verglas à l'ombre ; les saillies étaient séparées par des poches de neige trempée où l'on s'enfonçait jusqu'aux épaules. Nous arrivâmes en haut du bon sommet à 5 heures, Antonio et moi peinant pitoyablement, Carlo en proie à une hilarité sinistre que je jugeais un peu irritante.

« "Et pour descendre ?" "Pour descendre, nous verrons", dit Carlo. Puis il ajouta mystérieusement : “Le pire qui puisse nous arriver est de goûter la chair de l’ours.”

« Eh bien, nous goûtâmes la chair de l’ours, sans parcimonie, au cours de cette nuit-là, qui fut la plus longue de ma carrière. Nous descendîmes en deux heures, mal aidés par la corde. Une corde gelée est un instrument démoniaque, vous le savez bien : la nôtre s’était transformée en un enchevêtrement raide et perfide qui s’accrochait à toutes les saillies et tintait sur la roche comme un câble de téléphérique. À 7 heures, nous avions atteint la rive d’un petit lac glacé, et la nuit était tombée.

« Nous mangeâmes les quelques vivres qui nous restaient, construisîmes un mur à sec des plus futiles du côté du vent, et nous couchâmes sur le sol, serrés l’un contre l’autre. À tour de rôle, l’homme du milieu dormait, tandis que les deux autres lui servaient d’abri. Pour une raison que je ne saurais expliquer, ou parce que nous avions oublié de les remonter, nos montres s’étaient arrêtées, et, sans heure, le temps semblait, lui aussi, s’être figé. Nous nous levions régulièrement pour réactiver notre circulation, et l’heure ne changeait pas : le vent soufflait toujours, il y avait toujours un semblant de lune, toujours au même endroit dans le ciel, et, devant la lune, une chevauchée fantastique de nuages déchirés, toujours identique. Nous avions ôté nos chaussures et enfoncé nos pieds dans les sacs. Aux premières lueurs spectrales qui paraissaient venir de la neige, et non du ciel, nous nous levâmes, les membres engourdis, les yeux exorbités par le manque de sommeil, la faim et le froid. Nous trouvâmes nos chaussures tellement gelées qu'elles sonnèrent comme des cloches lorsque nous les battîmes l'une contre l'autre, et qu'il nous fallut les couver une demi-heure en nous asseyant dessus pour les enfiler.

« Mais nous regagnâmes la vallée par nos propres moyens. À l'hôtelier, qui nous demandait en ricanant et en reluquant nos barbes de trois jours comment cela s'était passé, nous répondîmes sans broncher que nous avions fait une formidable excursion, puis nous payâmes la note et partîmes sans faire un pli.

« C'était ça, la chair de l'ours. Vous devez me croire, messieurs, de nombreuses années se sont écoulées depuis, et je regrette d'en avoir mangé aussi peu. J'imagine, j'espère, que la vie a été aussi généreuse avec vous qu'elle l'a été avec moi, qu'elle vous a offert aisance, estime, amour, succès. Eh bien, je vais vous dire la vérité, rien de tout cela n'a eu, pas même de loin, le goût de la chair de l'ours ; le goût d'être fort et libre, ce qui signifie libre de se tromper, le goût de se sentir jeune en montagne, maître de soi, c'est-à-dire du monde.

« Croyez-moi, je suis reconnaissant à Carlo de nous avoir consciemment mis dans le pétrin, reconnaissant de la nuit qu'il nous a fait passer, de certaines entreprises, apparemment absurdes, dans lesquelles il nous a entraînés, d'autres encore, non pas en montagne, où je me suis fourré tout seul en suivant sa doctrine. Ce jeune homme possédait une grande vigueur terrestre et une sagesse particulière ; puisse la terre où il gît, non loin d'ici, être douce à ses os et lui apprendre chaque année que le soleil et le froid sont de retour. »

Le second narrateur se tut ; il regarda, semble-t-il, avec un certain embarras du côté des deux jeunes qui l'avaient écouté en silence, comme s'il craignait de les avoir troublés ou blessés ; puis il remplit son verre, mais ne but pas. Ses derniers mots avaient eu en moi un écho insolite, comme si je les avais déjà entendus ; et, de fait, je les ai retrouvés, à d'infimes différences près, dans les pages d'un livre ami, écrit par le marin que le premier narrateur avait cité à propos des dons de la mer.

NEZ CONTRE NEZ

JOURNALISTE. — Un moment, nom d'une pipe ! J'attends depuis deux jours entiers, quarante-huit heures, que vous fassiez surface, et vous voulez déjà rentrer. Mon directeur refuse toute excuse, voyez-vous : si je reviens sans interview, je risque ma place, et il en exige une immédiatement, avant que la saison des amours se termine.

TAUPE. — Bon, d'accord, mais dépêchez-vous. Ce n'est pas que je sois pressé : je n'aime pas la lumière, voilà tout. La prochaine fois, si vous m'avertissez plus tôt, nous fixerons un rendez-vous la nuit ; la nuit, tout est plus simple et plus tranquille aussi. Vous n'entendez pas ce grondement ? Tracteurs, moteurs et même avions dans le ciel, c'est insupportable. D'après ce qu'on dit, les choses étaient différentes autrefois, la paix régnait dans les champs. Excusez-moi, vous savez que j'ai la vue basse : vous êtes un mâle ou une femelle ?

JOURNALISTE. — Un mâle, mais je ne vois pas la différence que cela fait.

TAUPE. — Et pourtant il y en a une. On ne peut

pas se fier aux femelles. En ce qui me concerne, elles ne m'intéressent que deux semaines par an. Après, mieux vaut la solitude. Les femelles, et c'est aussi le cas des vôtres, ne pensent qu'à une seule chose, la fourrure. Elles n'ont pas tort, d'ailleurs : saviez-vous que nous sommes les seuls à pouvoir être également caressés à rebrousse-poil ? Sans une telle fourrure, il nous serait impossible de marcher à reculons dans nos galeries.

JOURNALISTE. — Dites-moi, vous avez fait un choix radical. Pas de ciel, pas de soleil ni de lune, bref, l'obscurité et le silence perpétuels. N'est-ce pas un peu monotone ? Ne vous ennuyez-vous pas ?

TAUPE. — Vous êtes tous pareils, et vous mesurez tout selon vos critères humains. Oui, c'est un choix, mais raisonné. J'ai privilégié l'ouïe, le flair et le toucher par rapport à la vue. Ne croyez pas que je n'aie pas d'oreilles pour la simple raison qu'on ne les voit pas de l'extérieur. Mon ouïe est dix fois plus fine que la vôtre, sur une échelle logarithmique, bien entendu. J'entends les racines pousser, j'entends les vers bruire. Et pour me protéger de vos vacarmes insupportables, il me suffit de descendre de cinquante ou soixante centimètres : à cette profondeur, je suis même à l'abri du froid. Je vous en donnerai, de la monotonie ! Moi, je distingue vingt qualités différentes de terrains, je sens l'humidité et le vent avant même qu'ils n'arrivent.

JOURNALISTE. — Montrez-moi vos pattes de devant, s'il vous plaît. Je voudrais faire une photo.

TAUPE. — Mais non, qu'est-ce que vous me

chantez là ? Pas de photos. Et pourquoi ne les qualifiez-vous pas de « mains » ? Elles ne sont pas très différentes des vôtres, elles sont beaucoup plus robustes, c'est tout. Je parie que, tout gros que vous êtes, vous ne résisteriez pas à la force de traction de ma main. Du reste, essayez donc de faire ce que nous faisons tous les jours et toutes les nuits. Il ne pleut pas depuis un bon moment, le terrain de mon pré est bien friable, bref, les conditions ne pourraient pas être meilleures. Allez, monsieur l'homme, renoncez un instant à la station verticale, penchez-vous comme nous et commençons à creuser ensemble, mais sans instrument, d'accord ? Eh bien, vous verrez que moi, la grosse taupe, l'animal lent, j'aurai déjà parcouru dix mètres quand vous serez encore en train de vous casser les ongles à la surface. Et je me serai creusé une galerie parfaite, cylindrique, aux parois bien comprimées, car je sais depuis l'enfance avancer en tournant, comme une vrille. Nous avons, nous aussi, des secrets professionnels.

Journaliste. — Vous m'avez dit que les femelles ne vous intéressent que pendant quelques jours par an. C'est vous qui partez à leur recherche ?

Taupe. — C'est consensuel. Les femelles ont un style de grattage très particulier, plus intense et plus doux que le nôtre : nous les entendons de loin, et elles nous entendent. À la saison des amours, notre recherche réciproque constitue une aventure exaltante. C'est aussi un choix : nous entendons creuser au-dessus, au-dessous, à l'est, à l'ouest, d'une manière plus rude, ou plus lisse, nous en choisissons une, et hop, nous grattons avec ardeur jusqu'à ce que les deux galeries se rencontrent. À vrai dire, la plupart du temps, nous faisons connaissance nez contre nez, de façon à pouvoir également déterminer si nos odeurs s'accordent. Si c'est le cas, le mariage est conclu.

JOURNALISTE. — Accepteriez-vous de me présenter votre femme ?

TAUPE. — Ce serait avec plaisir, car c'est une brave fille. Elle est belle et beaucoup plus jeune que moi. Mais on est à la fin mars, et elle est allée préparer notre chambre nuptiale quelque part. J'y tenais et je me suis bien expliqué : je la voulais spacieuse, confortable, bien tapissée d'herbe et de mousse. Ce sont toutefois des travaux féminins.

JOURNALISTE. — Pardon, mais quels sont donc les travaux masculins ?

TAUPE. — Ils ressemblent un peu aux vôtres : vous chassez les gros sous, et nous chassons les vers de terre. Vous les investissez en biens mobiliers ou immobiliers, et nous leur coupons la tête.

JOURNALISTE. — À qui ? Aux vers de terre ?

TAUPE. — Oui, c'est le meilleur investissement qui soit. Vous n'y auriez pas pensé, n'est-ce pas ? Mais un ver de terre sans tête ne s'échappe pas et ne pourrit pas. Savez-vous combien de vers de terre j'ai à la banque en ce moment ? Plus de mille cent, sans compter une quarantaine de larves assorties. Il faut bien songer à l'avenir, au nôtre et à celui de nos enfants. Une fois, en creusant, j'ai rencontré une petite vipère à peine éclose. Je l'ai décapitée, elle aussi, mais elle s'est mise à faisander au bout de deux jours, et, pour ne pas la gaspiller, je l'ai immédiatement dévorée. Voyez-vous, la force de nos bras se paie : si nous ne mangeons pas chaque jour notre poids en viande fraîche, nous crevons de faim.

JOURNALISTE. — Je comprends. Un instant, je prends note. Voilà. Mais dites-moi, maintenant : vraiment, n'avez-vous jamais envie d'explorer le monde à la surface ? L'herbe, les fleurs, l'eau courante ? Et ces petits animaux qui ne descendent jamais sous terre, les grillons, les escargots, les sauterelles ?

TAUPE. — Eh si, je ne le nie pas, mais ce sont des entreprises de jeunesse. Je les ai accomplies, moi aussi, avec les garçons de mon âge, par des nuits sans lune. Nous étions une douzaine. Une fois, rendez-vous compte, j'ai trouvé un nid d'alouettes à ras de terre, avec tous les œufs à l'intérieur : quel dîner nous avons fait ! Mais ce qui nous amusait vraiment, c'était d'attirer les chiens en grattant violemment contre un rocher, d'attendre qu'ils s'approchent, de montrer un instant le nez pour les effrayer et de rentrer aussitôt après. Vous auriez dû les voir creuser ! Nous enclenchions alors la marche arrière, et en une seconde nous étions hors de leur portée. Bref, si nous ne cherchons pas délibérément les problèmes, personne ne nous ennuie ; nous avons l'obscurité, mais aussi la paix.

17 novembre 1986

EN DIRECT DE NOS INTESTINS : L'ESCHERICHIA COLI

JOURNALISTE (*Il frappe délicatement à la paroi intestinale*). — Je peux ?

ESCHERICHIA COLI. — Oui ! Entrez donc !

JOURNALISTE. — Non, voyez-vous, rien de sanglant, je n'ai pas l'intention d'abîmer votre hôte, d'autant plus que c'est un de mes amis. Pas d'intervention énergique. Si vous êtes d'accord, nous allons faire l'interview de cette façon : de l'extérieur à l'intérieur. J'enregistre avec un magnétophone très sensible. Essayez juste de parler un peu plus fort. Est-ce la première fois que vous êtes interviewée ?

ESCHERICHIA COLI. — Oui, mais ne vous inquiétez pas, je ne me sens pas le moins du monde émue. Notre nature et le fait que nous sommes dépourvues de système nerveux nous interdisent d'avoir un tempérament émotif.

JOURNALISTE. — Vous êtes bien, là-bas, dans le noir, au milieu des aliments à moitié digérés que votre hôte vous déverse sur la tête trois ou quatre fois par jour ?

ESCHERICHIA COLI. — Assez bien, sauf quand on

lui donne des antibiotiques. Durant ces périodes, notre vie se complique un peu, cependant, l'une de nous arrive toujours à s'en tirer et nous parvenons à perpétuer notre espèce. Maintenant, excusez-moi un instant, je suis en pleine mitose, je veux dire que je me dédouble, c'est une affaire de quelques minutes, une de mes moitiés sera ensuite à votre disposition. Voilà, poursuivez donc, je reste ici et ma jumelle s'en va de son côté. Elle ne nous écoutera pas, elle ne nous dérangera pas, nous savons être discrètes, nous autres.

JOURNALISTE. — Vous n'ignorez sans doute pas que vous n'êtes plus ces saprophytes quelconques que nous tolérons jusqu'à ce que vous nous fassiez mal au ventre. Vous occupez maintenant les premières pages des quotidiens puisque nous sommes désormais en mesure de prélever un fragment de votre ADN et de le remplacer par un autre. Nous vous enseignons ainsi à fabriquer les protéines qui nous arrangent. Des voix discordantes se sont élevées à ce sujet ; certains disent que tout se passe bien et que nous pourrons ainsi vous apprendre, à vous autres bactéries, comment fixer l'azote atmosphérique ; d'autres craignent que vous deveniez trop savantes et que vous finissiez par commander.

ESCHERICHIA COLI. — Oui, oui, je suis au courant. En vérité, l'une de mes cousines au 397e degré a été opérée de cette façon, et elle n'a pas beaucoup souffert, elle a juste été traumatisée de se retrouver dans un petit tube en verre plutôt que dans la tiédeur d'un intestin. Eh bien, je fais partie du conseil d'entreprise des procaryotes, et nous n'avons rien à objecter du point de vue syndical. L'époque des revendications égalitaires est révolue : nous avons compris, nous aussi, qu'une spécialisation est indispensable et utile aux contractants. En effet, nous ne nous mettons plus en grève depuis longtemps. Pour ma part, je considère, en tant que représentante de ma catégorie, que la grève est désormais une arme émoussée : la contrepartie dispose de moyens trop puissants. La politique est l'art du possible, c'est ce qu'une de mes aïeules a affirmé il y a cinq cents millions d'années, et nous sommes possibilistes par nature. Voilà pourquoi il ne faut pas nous sous-estimer. Si vous voulez mon conseil, surveillez bien vos petits tubes en verre. Personnellement, j'ai bon caractère, mais je ne peux pas répondre des collègues dont vous avez déjà modifié les données. C'est à vous de répondre d'elles ; attention, donc. Si une épidémie devait éclater, vous en feriez les frais, mais nous aussi, qui vivons en paix dans vos précieuses entrailles. Nul doute qu'à la longue nous nous adapterions et réussirions à survivre dans l'intestin d'une blatte ou d'une huître. Mais cela nous coûterait du temps, des efforts et un grand nombre de défunts.

JOURNALISTE. — Je vous remercie, madame. Si vous n'avez rien à ajouter, je m'en tiendrai là.

ESCHERICHIA COLI. — Elle est bien bonne, celle-là ! Et l'invention de la roue, celle du moteur asynchrone, qu'en faites-vous ? Vous avez mis deux cents ans pour vous en apercevoir, à partir du moment où vous avez construit vos premiers microscopes, mais notre priorité est maintenant proclamée ; et vous venez ici avec votre micro sans en parler ? Croyez-moi, c'est un peu fort. Voilà bien votre arrogance de multicellulaires : comme si vous aviez tout découvert !

JOURNALISTE. — Je vous prie de m'excuser. Vous savez, nous autres journalistes devons nous occuper d'un tas de choses, du va-et-vient[1] de Craxi, de l'impôt sur la santé, du Liban, de la bévue de Reagan...

ESCHERICHIA COLI. — Vous ne savez donc rien ? Écoutez-moi bien, je vais vous l'expliquer en deux minutes : comme ça, vous ne commettrez pas d'erreurs dans votre reportage. Nous avons six flagelles, d'accord ? Mais nous ne les agitons pas comme on agiterait une corde ou un fouet : nous les faisons tourner, comme le rotor d'un petit moteur électrique. Nous possédons pour chaque flagelle un moteur et un stator, chaque flagelle se transforme en une spire allongée, les six flagelles se disposent plus ou moins à l'instar d'une houppe et nous propulsent en avant comme une hélice quand nous sentons une odeur de nourriture. Simple, n'est-ce pas ? Les ciliés sont arrivés ensuite, ils n'ont rien à voir avec nous, la roue a été oubliée, et il a fallu deux milliards d'années pour que vous la redécouvriez et fabriquiez vos chars. Les premiers étaient des chars de guerre, est-ce que je me trompe ?

1. Allusion aux nombreux efforts (et déplacements) que Bettino Craxi, alors président du Conseil, effectuait auprès des divers membres de sa coalition gouvernementale afin de s'assurer leur appui. (*N.d.T.*)

JOURNALISTE. — Je vous remercie, cette nouvelle est très intéressante. Vous voulez dire que si les ciliés n'étaient pas arrivés avec leurs cils et leur stupide mouvement alternatif, nous pourrions aujourd'hui tourner la tête selon un axe de 360° et peut-être de 3 600°, sans jamais reculer ? Et que faites-vous des vaisseaux sanguins, des nerfs et du reste ? Tout s'entortillerait.

ESCHERICHIA COLI. — C'est votre affaire, ou plutôt c'est celle de l'évolution. Mais vos voitures marchent très bien et elles sont construites exactement sur ce modèle. Bref, je veux dire que vous avez gaspillé une idée qui n'était pas négligeable. Dommage qu'il soit un peu tard pour la breveter.

7 décembre 1986

LE GOÉLAND DE CHIVASSO

JOURNALISTE. — Monsieur le goéland, que faites-vous ici ?

GOÉLAND. — Goéland royal, je vous prie. Nous sommes sédentaires ; les autres, les « revenants [1] », sont des vagabonds, des opportunistes sans scrupules.

JOURNALISTE. — Monsieur le goéland royal, j'ai l'impression de vous avoir déjà rencontré quelque part, mais pas ici : planant au-dessus du ressac dans les Cinq Terre, ou à la Caprazoppa, je ne m'en souviens plus. Je me rappelle pourtant un de vos fantastiques vols planés, à la dérive dans le vent, puis un piqué subit, au terme duquel vous êtes immédiatement remonté, un poisson dans le bec. J'ai tout suivi à la jumelle, et j'ai regretté de ne pas avoir de caméra.

GOÉLAND. — Vos souvenirs sont bons, il s'agissait d'un rouget pour mes petits. Je l'avais vu d'en

1. Primo Levi invente le mot *ridibundi* à partir du latin (*ibis et redibis* : tu iras et tu reviendras) pour désigner ceux qui sont obligés de revenir. (*N.d.T.*)

haut et j'ai plongé à une profondeur de deux mètres pour l'attraper. Un beau coup, je ne l'ai pas oublié, moi non plus. Ah, c'était une autre époque ! Mais les rougets se faisaient déjà rares. Avec ma femme, nous avions construit un nid inaccessible, ou plutôt invisible, à pic sur la mer. On y vivait en toute sécurité : à chaque sortie un poisson, parfois si gros que j'avais de la peine à le rapporter au nid, voire à l'avaler. C'était un métier noble, digne, pour des gens dotés de bonnes ailes et d'un œil vif. Je ne redoutais aucune bourrasque, mieux, plus la tempête faisait rage, plus je me sentais maître du ciel. J'ai volé au milieu des éclairs alors que même vos hélicoptères restaient cloués au sol, et j'étais heureux : « réalisé », comme vous dites.

JOURNALISTE. — Justement, un milieu approprié au bon voilier que vous êtes. Mais pour quelle raison vous êtes-vous installé à Chivasso ?

GOÉLAND. — Vous savez, les bruits courent. Un de mes lointains parents vivait à Chioggia, et il ne s'en tirait pas si mal que ça ; mais l'eau s'est mise à mousser, elle puait le gasoil, et le poisson s'est progressivement raréfié. Sa femme et lui ont donc remonté le Pô, étape par étape, jusqu'à Chivasso, justement. Plus ils avançaient, moins l'eau était polluée. Eh bien, il y a quelques années, il est venu en Ligurie me raconter qu'il y avait un établissement Lancia à Chivasso et qu'on y embauchait un tas de gens.

JOURNALISTE. — C'est incontestable. Mais vous n'allez pas me dire qu'on y engage aussi des goélands ? Ou que ces gens-là sont assez généreux pour les ravitailler ?

GOÉLAND. — Vous abordez un sujet délicat. Bien entendu, Lancia ne fabrique pas de poissons, elle en tue même une bonne quantité ; mais elle fabrique des ordures. Elle embauche des individus qui fabriquent une quantité incroyable d'ordures, trois ou quatre cents quintaux par an. Elle a une cantine d'entreprise, elle construit des décharges et les décharges attirent... oui, elles attirent les rats. Voilà, vous m'avez forcé à l'avouer.

JOURNALISTE. — Voulez-vous dire que vous avez abandonné votre statut de pêcheur pour celui de chasseur de rats ? Eh bien, voyez-vous, ce sont des choses qui nous arrivent, à nous aussi. Aux hommes en général, et à nous autres journalistes en particulier. Nous n'avons pas tous les jours, ou tous les ans, une guerre à raconter, un barrage qui s'écroule, un tremblement de terre, une éruption volcanique, une catastrophe nucléaire ou un vol sur la lune. Nous devons, nous aussi, nous contenter parfois de courir derrière les rats. Et quand nous n'en avons pas, nous en inventons.

GOÉLAND. — ... Ou vous allez interviewer les goélands, n'est-ce pas ? Tout peut servir.

JOURNALISTE. — Non, croyez-moi, je suis pleinement conscient de votre malaise. On le voit à l'œil nu, si vous me permettez l'expression : désormais, vous ne volez plus dans les hauteurs, et il est rare de vous entendre crier. J'ai vu deux de vos collègues nidifier au débouché d'un égout, d'autres sous un pont. D'autres encore, et ils sont nombreux, rôdent autour du zoo de Turin, où ils volent du poisson aux phoques et à l'ours blanc.

GOÉLAND. — Je le sais. C'est une honte, mais j'y suis allé, moi aussi. Nous avons besoin de poisson ; sans lui, nous pondons des œufs à la coquille si transparente qu'on voit le poussin à l'intérieur, si fine qu'ils se brisent quand on les couve. Et puis il y a peu de poisson dans le Pô. Espérons qu'avec le nouveau collecteur la situation s'améliorera un peu.

JOURNALISTE. — Toutefois, question de prestige mise à part, j'imagine qu'un beau rat, un de ceux qui fréquentent justement les décharges, ne constitue pas une proie méprisable.

GOÉLAND. — Et vous croyez qu'il est facile d'attraper un rat ? Au début, la chasse était bonne, on voyait quelque chose bouger au milieu des ordures, on effectuait un piqué, on assenait un beau coup de bec dans la nuque de notre proie, et son compte était bon. Mais les rats appartiennent à une race terriblement intelligente et ils ont immédiatement appris à se défendre. Avant tout, ils ne sortent que la nuit, et, la nuit, nous ne voyons pas très clair. Ensuite, ils placent l'un d'eux en sentinelle, ainsi, dès que nous nous aventurons sur la décharge, il donne l'alarme et ils filent se terrer. Enfin, ils font peur aux chats, et à nous aussi, d'ailleurs, les rares fois où nous parvenons à les affronter par surprise et en rase campagne. Ils ont des dents si grosses et des réflexes si rapides que nombre d'entre nous y ont perdu des plumes, et autre chose.

JOURNALISTE. — Il ne vous reste donc que les ordures ?

GOÉLAND. — Vous voulez vraiment retourner le couteau dans la plaie. Oui, les ordures. Ce n'est pas très digne, mais c'est rentable. Je finirai, moi aussi, par gâcher le métier aux corneilles et par m'habituer à manger des charognes, des os mal rongés, à moins que je ne devienne végétarien. Dans ce monde, ceux qui ne savent pas s'adapter succombent. Je dois avouer que ma femme a moins de scrupules que moi dans ce domaine. Quand mon tour est venu de couver, elle se promène à pied dans la décharge et me rapporte un peu de tout, si bien que j'ai dû lui passer un savon et lui expliquer qu'il ne faut pas toucher au polyéthylène, qu'il ne peut même pas servir à tapisser le nid parce qu'il est trop imperméable. Si vous voyiez ce qu'elle ramène... des chatons morts, des trognons de chou, des épluchures de fruit et des pelures de pastèque. Pour ma part, j'ai encore un peu de répugnance, mais les petits mangent tout. La prochaine génération m'épouvante, elle n'a plus aucune retenue.

JOURNALISTE. — Monsieur, vous me semblez trop pessimiste. De même qu'on a assaini la Tamise, en Angleterre, de même on assainira nos fleuves, et alors la mer sera à nouveau comme avant. Du reste, consolez-vous : chez nous autres humains aussi, on rencontre des êtres capables de voler et de nager qui, par malchance ou par manque de courage, hantent les dépotoirs à la recherche de saletés. Il faudra donner à ces gens-là, et à vous aussi, l'occasion de retrouver leur dignité. Je vous en prie, n'oubliez pas la mer.

14 janvier 1987

LA GIRAFE DU ZOO

GIRAFE. — Hé, vous là-bas, que cherchez-vous ? Cela fait un moment que vous me tournez autour avec votre appareil photo et votre caméra. Je préfère vous avertir, je ne suis pas de bonne humeur ; et je ne veux pas dire seulement aujourd'hui, mais en permanence. À cause de ce grillage et de cette barrière métallique qui m'empêchent de baisser la tête pour donner un bon coup de corne aux raseurs qui viennent ici dans le seul but de dire « oh ! » et « ah ! ». Une fois, cependant, je me suis fait plaisir. L'un des visiteurs était très grand et portait un chapeau de paille ; je le lui ai enlevé d'un coup de langue et je l'ai mastiqué comme il faut. Il n'était pas bon, il sentait la colle, mais j'ai pris ma revanche.

JOURNALISTE. — Je suis désolé de devoir vous déranger. Ce n'est pas un caprice de ma part, ni de la part de mon directeur, mais on murmure qu'on va démanteler le zoo. Vous vous retrouverez qui sait où, et les problèmes vous concernant risquent de demeurer irrésolus.

GIRAFE. — Vous n'êtes donc qu'un journaliste en quête de bizarreries ?

JOURNALISTE. — À propos de bizarreries, prenez-le comme un compliment, mais vous êtes bizarre, vous aussi.

GIRAFE. — Alors, allez-y ; posez vos questions, mais qu'elles soient simples et claires. Et pas de piège !

JOURNALISTE. — Comme vous voulez. Alors, brièvement : sexe, taille, poids.

GIRAFE. — On voit de loin que je suis un mâle, et je ne le dis pas pour me vanter.

JOURNALISTE. — Bien sûr. Je ne vous l'ai demandé que dans le souci d'être exhaustif. Avec un cou aussi long... combien de vertèbres cervicales avez-vous ?

GIRAFE. — J'en ai 7, tout comme vous et les rats. Je pèse 7 quintaux et je mesure 6,20 m.

JOURNALISTE. — Bien. Cela signifie que, la tête haute, vous avez une pression spectaculaire dans les pattes. *(Il tire de sa poche carnet et crayon.)* Tout compte fait, environ 450 millimètres de mercure, plus 140 autres, fournis par le cœur. Un total, disons, de 600. Quand on pense qu'avec nos 200 millimètres nous sommes déjà mal lotis... Et pourtant, nous sommes, vous et nous, des mammifères, plus ou moins composés des mêmes matériaux. Ne souffrez-vous jamais d'hypertension, en particulier quand vous courez ? Ou de veines variqueuses, d'hémorragies internes ?

GIRAFE. — Vous devez savoir que depuis que nous avons décidé de nous étirer le cou et les pattes pour pouvoir brouter les feuilles les plus hautes, nous cultivons avec intelligence et passion l'hydrostatique, la physiologie et l'histologie. Nous nous sommes immédiatement rendu compte que certaines innovations comportent des difficultés ; par exemple, l'acte de boire ne constitue pas, pour nous, un problème banal. Premièrement, en supposant que nous baissions le cou sur toute sa longueur, nous n'arriverions pas au niveau du sol. Ainsi, nous devons apprendre à nos petits tout juste sevrés qu'il convient de bien écarter les pattes de devant pour boire à la rivière. Ce n'est pas élégant, mais c'est nécessaire. Et puis, il faut propulser chaque gorgée à une hauteur d'environ trois mètres. Nous avons compris sans tarder que la pompe de la glotte ne suffisait pas ; eh bien, nos sages ont résolu le problème en nous offrant toute une série de petites pompes péristaltiques, disposées le long de l'œsophage. Malgré tout, je ne puis dire que boire soit, pour nous, l'entreprise la plus facile au monde ; et, en effet, je suis particulièrement reconnaissant au directeur du zoo, qui m'a fait installer le drôle d'abreuvoir que vous voyez là, et que vous ne parviendriez pas à toucher de la main, même si vous vous haussiez sur la pointe des pieds. Ainsi, étant donné la complication des préparatifs, nous buvons rarement et le plus longtemps possible.

JOURNALISTE. — Merci. Reste à définir le problème des pieds. Je veux dire des écarts de tension entre le moment où vous êtes couchés et celui où vous êtes debout.

GIRAFE. — Nous ne nous couchons jamais : ce sont des mollesses que nous laissons aux vaches et à vous-mêmes. Nous dormons debout, toujours prêts à fuir, car nous avons beaucoup d'ennemis.

JOURNALISTE. — Mais l'hypertension, en somme...

GIRAFE. — À en juger par votre insistance, vous devez avoir des problèmes personnels.

JOURNALISTE. — Eh oui, en effet. Hypotenseurs, diurétiques, pas de sel... Ce n'est pas une vie simple.

GIRAFE. — Uniquement parce que vous n'avez pas su vous équiper à temps. Nous sommes des hypertendus, mais nous n'en souffrons pas du tout. Avez-vous jamais porté des bandes élastiques ? Eh bien, nous avons des bandes élastiques congénitales incorporées à nos quatre pattes. Je vous avoue qu'elles sont très confortables : veines et artères ne se fatiguent pas, même si nous avons la tension que vous avez calculée, et c'est un matériel de tout premier ordre, il ne s'use pas, ou plutôt il se renouvelle avec le temps. Nous avons également trouvé le moyen de réduire la pression du sang qui reflue. Vous êtes gênés par le sang de vos artères et de vos veines, qui doit remonter jusqu'au cœur. Eh bien, nous avons mis au point une série de valvules tout au long des grosses veines en montée. Elles s'ouvrent à chaque pulsation et se referment en empêchant le sang de peser sur les vaisseaux. Comme si chaque veine était subdivisée en segments indépendants. Pardonnez mon langage primitif, je ne suis pas physiologiste, je ne suis qu'une girafe mâle, fière de sa taille et humiliée par la captivité. Et maintenant, ça suffit, s'il vous plaît. Je dois faire un peu d'exercice, ce n'est pas le vétérinaire qui me l'a prescrit, mais mon instinct et ma nature. Je dois courir, même si c'est à l'intérieur de l'espace misérable où vous m'avez confiné.

JOURNALISTE *(s'empare de son carnet et écrit).* « Malgré leur structure, si différente de celle de tous les autres quadrupèdes, les girafes possèdent une élégance extraordinaire lorsqu'elles courent. Leur allure hésite entre le galop et la danse. Les quatre pattes se soulèvent du sol presque simultanément, tandis que le cou équilibre le rythme majestueux de leur progression. Celle-ci paraît lente, mais elle est très rapide, elle évoque celle d'un bateau qui vogue et ne trahit pas le moindre effort. Le vaste corps oscille avec naturel, s'inclinant vers l'intérieur quand l'animal vire. En l'observant, j'ai mesuré combien les girafes ont besoin de la liberté des grands espaces et combien il est cruel de les enfermer derrière les mailles d'un grillage. Et pourtant, l'exemplaire que j'ai interviewé est né ici, en captivité, ignorant tout de la splendeur intacte de la savane, dont il conserve toutefois la noblesse primordiale. » *(Il lit le texte à voix haute.)*

GIRAFE. — Grount !

1er février 1987

AMOURS SUR TOILE

JOURNALISTE. — Bonsoir, monsieur l'araignée, ou plutôt madame l'araignée.

ARAIGNÉE (*d'une voix stridente*). — Êtes-vous comestible ?

JOURNALISTE. — Eh bien, je crois que oui, mais je ne me suis jamais posé la question.

ARAIGNÉE. — Vous savez, nous avons beaucoup d'yeux, mais nous sommes très myopes et toujours affamées. Pour nous, le monde se divise en deux : les choses qui se mangent et les autres.

JOURNALISTE. — Voyez-vous, je ne suis pas là en qualité de victime potentielle, mais pour une interview.

ARAIGNÉE. — Une interview ? Les interviews, ça se mange ? Ça nourrit ? Si c'est le cas, ne perdez pas de temps ; cela m'intrigue, dans ma vie j'ai mangé un peu de tout, mais jamais d'interviews. Combien de jambes ont-elles ? Possèdent-elles des ailes ?

JOURNALISTE. — Non, elles ne se mangent pas vraiment, cependant elles sont consommées d'une autre façon. Comment dire ? Elles ont des lecteurs, et il arrive qu'elles les nourrissent un peu.

ARAIGNÉE. — Dans ce cas, je ne suis pas très intéressée, mais si vous promettez de me récompenser par quelques mouches ou une petite dose de moustiques... vous savez, avec l'hygiène qu'il y a de nos jours, ils se sont faits rares. Savez-vous attraper les mouches ? Gros comme vous êtes, ça ne devrait pas être très difficile pour vous : votre toile est sans doute très grande.

JOURNALISTE. — En vérité, nous avons des méthodes différentes, et puis la capture des mouches ne nous prend pas beaucoup de temps. Nous mangeons les mouches à contrecœur et toujours par accident. De toute façon, j'ai compris, je ferai de mon mieux. Alors, je peux commencer ? Dites-moi, pourquoi vous tenez-vous la tête en bas ?

ARAIGNÉE. — Pour me concentrer. Comme j'ai peu de pensées, elles affluent ainsi à mon cerveau et les choses me paraissent plus claires. Mais ne vous approchez pas trop et faites attention à l'engin que vous tenez à la main, je n'aimerais pas qu'il déchire ma toile. Elle est toute neuve, je l'ai tissée ce matin. Elle avait un petit trou, vous savez, les scarabées n'ont aucun respect ; mais pour nous, c'est soit la perfection, soit rien du tout. Au premier défaut, je ravale ma toile et la digère, je dispose ainsi du matériel nécessaire pour en fabriquer une autre. C'est une question de principe. Nous ne sommes pas très malignes, cependant notre patience est sans limites. Il m'est arrivé de refaire ma toile trois fois au cours de la même journée, mais au prix d'un effort inouï. Après la troisième toile, que personne ne m'a abîmée, heureusement, j'ai dû me reposer trois ou quatre jours. Il faut du temps pour tout, même pour approvisionner les glandes des filières. Mais, comme je vous le disais, nous sommes très patientes, et l'attente ne nous cause aucun problème. Quand on attend, on ne consomme pas d'énergie.

JOURNALISTE. — Vos toiles, je les ai vues, sont des chefs-d'œuvre, mais vous les fabriquez toujours sur le même modèle ? Jamais de perfectionnement, jamais d'innovation ?

ARAIGNÉE. — Il ne faut pas trop nous en demander. Voyez, répondre à vos questions exige déjà un effort ; nous n'avons pas de fantaisie, nous ne sommes pas des inventeurs, notre circuit est simplifié. Faim, toile, mouches, digestion, faim, nouvelle toile. Alors, pourquoi se casser la tête, pardon, les ganglions nerveux pour étudier de nouvelles toiles ? Mieux vaut s'en remettre à la mémoire qui est imprimée en nous, au petit modèle habituel, en essayant tout au plus de l'adapter au périmètre dont nous disposons. C'est déjà beaucoup pour notre intelligence. Si mes souvenirs sont bons, j'étais sortie de mon œuf depuis quelques jours quand j'ai tissé ma première toile, elle n'était pas plus grosse qu'un timbre, mais, l'échelle exceptée, elle était identique à celle que vous avez devant le nez.

JOURNALISTE. — Je comprends. Maintenant, dites-moi, certaines rumeurs circulent à propos de votre comportement, disons, matrimonial... des rumeurs seulement, entendons-nous bien ; en ce qui me concerne, je n'ai jamais rien vu de répréhensible, mais vous savez, les gens murmurent...

ARAIGNÉE. — Faites-vous allusion au fait que nous mangeons nos mâles ? C'est tout ? Mais bien sûr, mais bien entendu. C'est une sorte de ballet ; nos mâles sont fluets, timides et faibles, pas vraiment doués pour fabriquer une toile comme il se doit. Quand ils sentent leur désir monter, ils s'aventurent sur nos toiles d'un pas lent, hésitant, incertain, car ils savent, eux aussi, comment cela risque de se terminer. Nous les attendons, nous ne prenons pas d'initiative, le jeu est clair pour les deux parties. Nous autres femelles aimons les mâles autant que les mouches, sinon plus. Nous les aimons dans tous les sens du terme, comme maris (mais seulement pour le minimum de temps indispensable) et comme aliments. Une fois qu'ils ont joué leur rôle, ils perdent tout intérêt, si ce n'est celui de la chair fraîche, et c'est ainsi qu'ils nous remplissent du même coup l'estomac et la matrice.

JOURNALISTE. — Vos mariages se concluent-ils tous de cette façon ?

ARAIGNÉE. — Pas toujours. Il existe des mâles prévoyants, qui connaissent notre faim permanente, et qui nous apportent un cadeau nuptial. Non par affection ou par politesse, vous comprenez, mais seulement pour nous rassasier : une tipule, un moucheron, parfois même quelque chose de plus nourrissant. Alors, tout se passe bien, et ils s'en tirent avec un peu d'inquiétude. Vous devriez les voir, les mesquins, pendant qu'ils se demandent si leur cadeau a suffi à nous satisfaire... S'ils ont l'impression qu'il n'en est rien, ils courent parfois à leur toile pour prendre une autre bouchée.

JOURNALISTE. — C'est, me semble-t-il, un système ingénieux, qui, tout compris, obéit à une certaine logique. Moi aussi, j'agirais de la sorte, à leur place, mais voyez-vous, ma femme a moins d'appétit et un caractère plus doux. Et puis, nos mariages durent longtemps, il nous paraîtrait dommage de nous contenter d'une seule copulation.

ARAIGNÉE. — Chacun agit à son gré, bien entendu. Je voudrais vous dire que ce n'est pas le seul système que les mâles ont inventé pour éviter d'être dévorés. Certains, nos lointains cousins, font semblant d'exécuter une danse d'allégresse autour de la femelle qu'ils ont choisie pour l'attacher progressivement en croisant correctement les fils. Ensuite, ils la fécondent et repartent. D'autres redoutent notre force; ils enlèvent les femelles tout juste écloses, encore adolescentes et peu dangereuses, et les séquestrent dans une anfractuosité quelconque jusqu'à la puberté, les nourrissant, certes, mais le moins possible afin qu'elles restent en vie sans trop reprendre de forces. Ensuite, ils font, eux aussi, leur métier, ils libèrent les filles et s'en vont en toute hâte.

JOURNALISTE. — Je vous remercie. L'interview est terminée.

ARAIGNÉE. — Heureusement, je commençais à être fatiguée : le travail intellectuel n'a jamais été mon fort. Mais n'oubliez pas les mouches : chose promise, chose due.

26 février 1987

POSTFACE

Au cours de sa vie, Primo Levi a publié trois recueils de nouvelles, *Histoires naturelles, Vice de forme* et *Lilith.* À en croire ses déclarations, sa vocation de nouvelliste remonterait à la période précédant sa déportation dans le camp de Monowitz. À environ vingt ans, Levi avait projeté d'écrire quelques nouvelles et même un roman ; sa première nouvelle, rédigée en 1946 après son retour du camp d'extermination, s'intitule « Les Mnémagogues », c'est une histoire sur la mémoire qui hésite entre le réalisme et le fantastique. Elle ouvre *Histoires naturelles,* recueil publié en 1966 sous le nom de Damiano Malabaila, un pseudonyme, comme si Levi refusait de mêler sa vocation naturelle à l'écriture mémorialiste, au témoignage de *Si c'est un homme* et de *La Trêve.* Mais Levi est avant tout un nouvelliste.

Son premier livre, consacré au Lager, est également composé de courts chapitres, des fragments narratifs parfaitement achevés en soi, que l'auteur a disposés à l'intérieur d'un cadre — le premier et le dernier chapitre —, dans une succession qui ne correspond pas à la chronologie des événements, mais plutôt à une séquence thématique qui témoigne de la mentalité du jeune chimiste turinois. *Le Système périodique,* qui marque, dans la conscience de soi de l'auteur, le passage du « dilettantisme » riche et complexe à la « profession » d'écrivain (même s'il se proclamait toujours « écrivain non écrivain ») est un recueil de nouvelles autobiographiques. Jusqu'à *Maintenant ou jamais,* de 1982, son seul vrai roman, les ouvrages littéraires de Levi sont tous constitués de textes courts, parfois conçus ou rédigés à des moments différents de sa vie, puis assemblés selon un plan général, également mûri avec lenteur.

Les nouvelles que renferme *Histoires naturelles* ont été écrites en l'espace de vingt ans, à diverses occasions et pour des supports variés (radio et théâtre). *Vice de forme*, en revanche, a été rédigé en deux ou trois ans, sous l'effet de la libération créative que la publication d'*Histoires naturelles* avait engendrée chez Levi. *Lilith,* son troisième recueil de nouvelles, appartient à sa période créative la plus intense, qui débute à la fin des années 1970, quand, après avoir abandonné son métier de chimiste (il écrit le soir, le dimanche ou pendant les vacances d'été), il commence à collaborer avec assiduité au quotidien *La Stampa.* En l'espace de cinq ans, Levi publie quatre ouvrages : un récit insolite en quatorze tableaux (*La Clé à molette*), une anthologie personnelle (*La Recherche des racines*), un recueil de nouvelles (*Lilith*) et même un roman à fond historique

(*Maintenant ou jamais*). *Lilith* se compose de nouvelles éparses parues au cours d'une décennie dans des quotidiens et des revues ; les poèmes y alternent avec de brefs essais, les critiques et les articles littéraires. En réunissant ses histoires courtes, l'écrivain en exclut certaines, qu'il récupère cinq ans plus tard dans le volume hybride que le quotidien *La Stampa* édite : *Racconti e saggi. Lilith* répartit les histoires selon un index qui correspond aux divers styles et thèmes du livre : des nouvelles consacrées au Lager ; des nouvelles fantastiques ; des histoires qui se rattachent, tout au moins en partie, à la *novella* italienne du début du xxe siècle.

Quand il meurt, en avril 1987, Levi laisse derrière lui plus d'une vingtaine de nouvelles dispersées dans des journaux, des revues et des livres ; la plus ancienne date de 1977. Il est probable qu'avec la méticulosité qui lui était propre il en aurait tiré un ouvrage, en rapprochant peut-être ces nouvelles de celles qu'il avait projeté d'écrire, comme les interviews des animaux. *Dernier Noël de guerre* s'attache à étayer cette hypothèse. Il aurait été un énième livre jumeau — les livres de Levi naissent toujours deux par deux —, sans doute du roman épistolaire, *Chimica per signore,* hélas inachevé.

Si nous parcourons la série entière des textes de Levi parus dans les journaux et les revues, force nous est de constater que pas une année, pas un mois ne s'écoule sans qu'il écrive et publie une ou plusieurs nouvelles. C'est le signe évident de sa vocation prononcée pour les textes courts, qu'il justifie lui-même dans les années 1970 par l'exigence d'écrire « des contes moraux déguisés en nouvelles de science-fiction » et qui répond en réalité au désir d'entretenir diverses possibilités d'expression.

Il n'est pas facile de définir le genre de nouvelliste qu'est Levi. Tout au long de son activité d'auteur, il a expérimenté plusieurs veines : réalisme et fantastique, science-fiction et bio-fiction, tableau, parabole, drame et « plaisanterie », en passant par la *detective story* et le remake déclaré. Cette pluralité de registres narratifs apparaît parfois à l'intérieur de la même nouvelle. Ces textes courts possèdent plusieurs caractéristiques communes : la brièveté, l'unité de l'événement raconté, la conclusion qui exploite pleinement les préambules ou l'introduction, la vocation moralisante. Levi est un écrivain de nature fortement pédagogique : il tente de persuader sans émouvoir, il fournit au lecteur un distillat de pensées et de réflexions, non de sentiments. Bref, c'est un écrivain qui mise avec décision sur l'intelligence du lecteur, sur le déclic mental.

On a souvent parlé de l'origine orale de ces nouvelles ; Levi a déclaré lui-même qu'il les avait testées à voix haute auprès de ses amis avant de passer à l'écriture ; toutefois, l'oralité de ces textes et, plus généralement, de sa littérature, est subordonnée à l'écriture. Il ne s'agit pas de l'oralité du narrateur spontané à ascendance populaire, mais de celle du narrateur cultivé d'origine intellectuelle, un écrivain qui a été avant tout un lecteur (un auditeur, affirme-t-il dans *La Clé à molette*).

Dans chaque nouvelle de Levi on perçoit un arrière-fond épique, l'héritage de la *novella* italienne du XIXe siècle, ainsi que des échos bien distincts d'écrivains d'aventures — Defoe, Stevenson, Conrad, Verne, Kipling —, et le plaisir de l'affabulation, typique de ceux qui ont découvert la littérature dans les récits, au cours de leur enfance et de leur adolescence. Sous d'autres aspects, Levi apparaît dans ses ouvrages des années 1970 comme un auteur attentif à l'« expérimentation », aux innovations, notamment en ce qui concerne les techniques de narration, recueillies par voie indirecte plutôt que par la lecture. Bref, Levi est un mélange de qualités narratives et littéraires étranges et diverses, un hybride, ou mieux un centaure, ainsi qu'il aimait à se définir.

La critique se pose souvent une question : si Levi n'avait pas écrit des ouvrages aussi décisifs que *Si c'est un homme* ou *La Trêve,* aurait-on prêté autant d'attention à ses nouvelles ? En dehors de ses livres de témoignage, Levi peut-il être considéré comme un écrivain ? Pendant vingt ans au moins, la réponse de la critique, occupée à établir des jugements de valeur, a été négative, en dépit de l'avis contraire des lecteurs qui ont toujours vu en Levi un écrivain agréable et curieux. Ses ouvrages littéraires, dont les nouvelles, ont été lus et ont circulé avec constance tout au long de trente années, même si l'acquisition de sa figure d'écrivain à part entière n'a été ni facile ni simple, tout comme la reconnaissance, en partie posthume, de l'écrivain de fiction, de l'auteur fantastique, de l'essayiste, de l'écrivain anthropologue et même de l'écrivain humoristique. Qualifier

Levi d'humoriste pourrait sembler un paradoxe si le premier à l'affirmer n'avait été le musicologue Massimo Mila, qui avait l'oreille fine et ne craignait pas de passer pour un provocateur.

Les nouvelles de Levi, et pas seulement celles qu'il a consacrées au Lager, adoptent une sorte de « demi-teinte », une voie moyenne qui désarçonne les lecteurs en quête de révélations soudaines ou de conclusions inattendues. Elles renferment toutefois un élément inquiétant, qui ressort moins dans les textes consacrés au Lager que dans ceux où Levi décrit des créatures fantastiques, des changements d'état, des métamorphoses, des inventions bizarres ou insolites aptes à reproduire la vie, à dilater ou à contracter le temps, à matérialiser ses propres désirs secrets, ou, quand il fait parler les animaux, comme dans les « interviews naturelles », rédigées pour la rubrique de la revue *Airone* intitulée *Zoo imaginaire.*

Parmi ses passe-temps moins connus, le dilettante de génie qu'a été Primo Levi aimait fabriquer des animaux en fil de cuivre, ce fil même pour lequel il s'ingéniait à réaliser des peintures isolantes. Dans une série de photographies que Mario Monge a prises de lui en 1986, un an avant la disparition de l'écrivain, il tient à la main des toiles d'araignée très denses ; un de ces instantanés le montre avec un masque de hibou, un de ses animaux préférés, dont il s'était déjà amusé à dessiner avec son MacIntosch un triple portrait publié sur la couverture du *Métier des autres*[1].

1. Traduction de Martine Schruoffeneger, Gallimard, 1992. *(N.d.T.)*

Le visage de Levi apparaît derrière le masque et sa figure entière suscite un léger trouble, celui-là même qu'on perçoit en lisant les textes où l'auteur se déguise en animal.

« Buffet », la nouvelle sur laquelle s'ouvre ce recueil — qui réunit celles que l'écrivain turinois a publiées entre 1977 et 1987 —, est une fantaisie, un rêve, où le narrateur se présente dans la peau d'un kangourou, donnant ainsi une forme narrative à une pensée très commune, celle du sentiment d'étrangeté qu'on éprouve en présence d'inconnus. « En une nuit », un texte en équilibre entre le fantastique et le réalisme, écrit et publié durant les années noires du terrorisme et de la crise italienne — ce n'est pas un hasard —, a pour personnages principaux de mystérieux démolisseurs. De même, « État civil », dans son déroulement presque attendu de récit d'entreprise, contient des évocations inquiétantes et dévoile une *pietas,* qu'il mêle à un sentiment de culpabilité.

On a l'impression que l'imagination de Levi se nourrit d'une matière profonde et obscure qui, comme une nappe d'eau éruptive, projette à la surface des bulles iridescentes à la forme toujours variable mais à l'odeur de soufre inexorable. Cela vaut aussi pour les autres nouvelles de ce recueil, et pour un grand nombre des récits courts qui composent les trois volumes précédents. Levi en était conscient et, tout en tirant un plaisir certain de son activité de nouvelliste, il mettait une distance entre le fruit de ses fantaisies littéraires et sa propre personne, comme si ce matériel surgissait d'une veine inquiète et inquiétante de son être. On peut également appliquer ces affirmations à nombre de ses poèmes — poésie et nouvelle naissent de la même inspiration —, où la structure des vers constitue un moule sûr dans lequel couler une matière en fusion brûlante.

Dans ce qui est sans aucun doute le livre clé de Primo Levi pour la compréhension de sa personnalité complexe d'écrivain, *La Recherche des racines,* une anthologie de textes et une intense confession humaine, Levi a écrit : « Bien que je prétende le contraire [...], je n'échappe pas à l'empire du *Ça.* » En essayant de justifier la découverte a posteriori de sa propre partie obscure, il poursuit : « En somme, tandis que l'écriture à la première personne est pour moi, du moins dans mes intentions, un travail lucide, conscient et diurne, je me suis aperçu que le choix de nos propres racines participe au contraire d'une œuvre nocturne, viscérale et pour le moins inconsciente[1]. »

Cette écriture « à la première personne » rassemble sans nul doute les livres de témoignage, de *Si c'est un homme* à *Les Naufragés et les Rescapés,* en passant par *Le Système périodique* et *La Clé à molette* — livres à l'empreinte romanesque fort marquée, même s'ils comportent des implications autobiographiques. En revanche, les poèmes et nouvelles appartiennent à l'« œuvre nocturne ».

1. Traduction de Marilène Raiola avec la collaboration de Joël Gayraud, Éditions Mille et Une Nuits, 1999. *(N.d.T.)*

Pas toutes les nouvelles, car, comme on le voit aussi dans ce recueil, certaines sont rédigées « à la première personne » : celles que Levi consacre au Lager (ici « Dernier Noël de guerre »), à des souvenirs personnels (« Fra Diavolo sur le Pô »), ou dans lesquelles il prête sa voix aux animaux (dans *Lilith*). L'écrivain ne parvient à éviter le gardien qu'il a placé sur le seuil de sa propre imagination que lorsqu'il s'abandonne au fantastique et à d'autres fantaisies littéraires. Et il le fait de manière très variée.

On remarque, dans les divers textes courts de Levi, un jeu de renvois et de symétries. L'imagination littéraire de l'écrivain semble fonctionner à partir d'un nombre fixe de thèmes ou de motifs, qu'il associe de façon toujours différente en donnant forme à des nouvelles variées sur le plan stylistique quoique homogènes sur le plan thématique : il renouvelle toujours ses images, qui se rattachent toutefois aux mêmes variables. Cela vaut pour de nombreux écrivains du XXe siècle, mais, dans le cas de Levi, il est intéressant d'observer que les rêveries qui alimentent ses nouvelles renvoient souvent à la « partie obscure » de l'auteur, et non à sa « partie claire », d'où naissent en revanche les livres de témoignage et les récits autobiographiques.

Cela ne signifie pas qu'il est possible d'établir de façon mécanique une classification de l'œuvre de Levi, en séparant nettement les livres « clairs » des livres « obscurs », puisque la ligne de démarcation, en admettant qu'on sache la tracer avec soin et d'une main légère, passe à travers les mêmes livres et les mêmes nouvelles, de sorte qu'il y a des parties « obscures » dans les livres « clairs », et des parties « claires » dans les livres « obscurs ». Les pages les plus limpides et les plus évidentes — voire les plus cartésiennes — de Levi renferment toutes un « apport », un objet, un signe, un détail, un indicateur linguistique, souvent invisible, ou presque, qui nous avertit qu'il y a là quelque chose d'irrésolu, d'obscur, un élément qui résiste à tout solvant intellectuel, à tout effort de la raison et de la pensée. En vérité, il s'agit d'une pensée, d'une raison non raisonnable qui presse et réclame une issue. En ce sens, les nombreux jeux linguistiques que contiennent les ouvrages de Levi fonctionnent à la fois comme un symptôme et comme une soupape de sécurité.

Il est légitime d'imaginer que certaines nouvelles de Levi constituent des restes, des résidus diurnes de sa partie nocturne, des rêves éveillés qui parlent la langue étrange et mystérieuse de la littérature, qu'on ne peut réduire à des formules ou à des théorèmes.

Contrairement à ce qu'il avait déclaré à ceux qui l'interviewaient après la publication de *La Trêve* — à savoir qu'il en avait terminé avec le Lager (« Ah oui, plus un seul mot. Plus rien. J'ai dit ce que j'avais à dire. Complètement terminé. ») —, Levi n'a pas mis de point final à la partie qu'il dispute avec Auschwitz. En effet, le camp revient lui rendre visite sous forme de rêve, de cauchemar, comme un *revenant*[1], un véritable

1. En français dans le texte. *(N.d.T.)*

fantôme diurne. Ce n'est pas un spectre qui semble noir dans la clarté du jour, mais une apparition claire dans la blancheur de la vie diurne, presque invisible. L'art de la nouvelle, dans lequel Levi fait preuve d'une remarquable habileté et d'une grande honnêteté (des qualités qui s'accordent rarement en littérature), est le lieu où les « fantômes blancs » apparaissent constamment en imprimant à l'apparente linéarité de la *novella* ou de la « plaisanterie » une progression parallèle et oblique, brusquement inquiétante. C'est également la raison de la narration toujours originale de ces histoires, face à des choix stylistiques ou des modèles littéraires qui se révèlent parfois connus, voire désuets. Levi parvient, en effet, à réinventer ses propres modèles de départ, car le style est avant tout un déguisement, une forme contenant un élément qu'il est impossible d'exprimer autrement, jusqu'à la limite de l'incommunicabilité ou du silence, comme dans ce « grognement animal » dont il parle lui-même à propos de la poésie incompréhensible, à ses yeux, de Paul Celan et de Georg Trakl, dans l'écrit clé de toute son œuvre littéraire, l'article « De l'écriture obscure » (*Le Métier des autres*).

Il consacre aux animaux, aux êtres qui nous ressemblent le plus, mais qui ne possèdent pas le don de la parole articulée, certaines des nouvelles les plus intéressantes de ce livre. Les animaux sont une présence constante dans l'œuvre de Levi : dans *Si c'est un homme,* comme dans les essais du *Métier des autres* (Levi est un remarquable conteur d'idées et de problèmes) qui ont trait aux toiles d'araignée, aux papillons, aux puces, aux grillons et aux scarabées, à ceux que nous avons l'habitude de qualifier, dans un sens générique, d'insectes. Dans les poèmes et les nouvelles de Levi, les animaux se transforment en figures anthropomorphiques, en interprètes des sentiments et des pulsions de l'esprit humain, selon la vieille tradition des contes, en personnages à part entière.

Pour Levi, tous les animaux ne sont pas égaux, et ils ne constituent pas non plus des toiles de fond inertes sur lesquelles projeter les rêveries humaines ; ils appartiennent à des catégories précises et différentes. Il existe des animaux sociaux (fourmis et abeilles), individualistes (papillons et blattes), des animaux qui vivent dans des espaces clos (patelles, taupe et araignée) et d'autres qui préfèrent les grands espaces (cheval et goéland), des animaux visibles et des animaux invisibles (les microbes et les bactéries), de vrais animaux et des animaux inventés (ils sont nombreux dans les pages des premières nouvelles, et pas seulement là). Chacun d'eux présente une double face, négative et positive. L'araignée — laborieuse, patiente, admirable tisseuse — se voue dans sa version féminine à des rituels cannibales. Levi fait preuve d'un grand intérêt pour la nature, qu'il considère, en bon darwinien, sans fausses pudeurs, comme le lieu de la lutte pour la survie.

Dans ses « dialogues naturels », qui rappellent, par leur construction et leur développement narratif, les célèbres « interviews impossibles » de la radio pendant les années 1970, Levi se déguise en journaliste et va recueillir les déclarations d'une fourmi-reine, d'une taupe mâle, d'une bactérie intestinale, d'un goéland, d'une girafe et d'une araignée. Ces dialogues mettent en évidence le sens de l'humour propre à l'écrivain turinois, ainsi que sa curiosité insatiable, son attention de naturaliste et biologiste amateur, si bien qu'elles amusent en instruisant.

L'humour — une qualité que Levi partage avec Manzoni — comporte une profonde compréhension de l'esprit humain, une tendance à observer toute chose avec perplexité et amusement, en s'étonnant et en s'émerveillant sans renoncer pour autant à sa propre faculté de jugement.

Le regard que Levi pose sur le monde animal est celui d'une longue-vue retournée sur le monde humain : à travers les particularités, les aspects biologiques et les comportements des animaux interviewés, l'écrivain réussit à décrire notre monde — habitudes, attitudes, tabous, lieux communs. Bref, il fait de l'anthropologie tout en se consacrant à l'observation du monde naturel. Et ce, en utilisant la symétrie non symétrique de ses deux parties, « claire » et « obscure ». Il regarde le monde animal comme s'il s'agissait du monde humain, et le monde humain comme s'il s'agissait du monde animal. Ses deux parties — animale et humaine — ne coïncident pas, elles sont symétriques mais pas superposables. L'homme n'est pas pour Levi un être divisé en deux parties, à l'instar du célèbre personnage de Stevenson, à la fois Docteur Jekyll et Mister Hyde. Mieux, les deux parties du tout ne sont pas symétriques, mais énantiomorphes comme la main droite et la main gauche (l'homme est un être bilatéral, nous répète Levi, qui imagine dans « Les fans de spots de Delta Cep » des êtres féminins à symétrie décimaire et s'attarde sur le thème de l'asymétrie et la vie dans l'essai homonyme écrit pour la revue *Prometeo* en 1984). La partie animale, l'animal-homme — sur laquelle il insiste dans des passages mémorables de *Si c'est un homme* —, est le renversement de la partie humaine, de même que le Lager est l'envers de la société civilisée. C'est pourquoi le monde humain apparaît dans les paroles des animaux comme son contraire, dans le bien comme dans le mal. Ce n'est pas un paradoxe, mais un exemple de l'intelligence lucide et implacable de ce magnifique écrivain moral.

Les dialogues du *Zoo imaginaire* rappellent de très près plusieurs passages des *Petites Œuvres morales* de Leopardi par leur saveur philosophique, par l'esprit critique et matérialiste typique du siècle des Lumières qu'on y respire. La philosophie de Levi se présente sous des aspects bon marché, presque comme une sagesse au rabais, qui raconte avec son *understatement* habituel des choses essentielles sur notre vie en société, sur les rapports que nous entretenons avec les autres et avec nous-mêmes.

L'absence de prosopopée, la basse tension narrative apparente, la capacité de condenser un grand nombre d'informations sur peu d'espace — on pense à la nouvelle « Dernier Noël de guerre » — sont des qualités rares qui ont permis au conteur-Levi de rédiger deux des livres majeurs du XXe siècle — *Si c'est un homme* et *Les Naufragés et les Rescapés* — et au témoin-Levi d'écrire de nombreuses nouvelles qui, aujourd'hui encore, amusent, inquiètent et donnent à réfléchir.

Marco BELPOLITI

Œuvres de Primo Levi publiées en français (dans l'ordre des parutions originales en Italie)

(Éditions italiennes)	
1947-1958	*Si c'est un homme,* Julliard (1987), puis Robert Laffont (collection « Pavillons », 1996, édition augmentée).
1963	*La Trêve,* Grasset (1966).
1966 et 1971	*Histoires naturelles,* suivi de *Vice de forme,* Gallimard (1994).
1975	*Le Système périodique,* Albin Michel (1987).
1978	*La Clé à molette,* Julliard (1980), puis Robert Laffont (collection « Pavillons », 1997).
1981	*La Recherche des racines* (anthologie), Fayard/Mille et Une Nuits (1999).
1981	*Lilith,* Liana Levi (1987).
1982	*Maintenant ou jamais,* Julliard (1983), puis Robert Laffont (collection « Pavillons », 1998).
1984	*À une heure incertaine* (poèmes), Gallimard (1997).
1985	*Le Métier des autres,* Gallimard (1992).
1986	*Le Fabricant de miroirs,* Liana Levi (1989).

1986 *Les Naufragés et les Rescapés,* Gallimard (1989).

1997 *Conversations et entretiens,* Robert Laffont (collection « Pavillons », 1998).

Imprimé en France sur Presse Offset par

BRODARD & TAUPIN

GROUPE CPI

La Flèche (Sarthe), 13734
N° d'édition : 3347
Dépôt légal : mars 2002
Nouveau tirage : juillet 2002